天下文化

BELIEVE IN READING

半部論語治天下

論語選譯今釋

孫震 著

社會人文 457

目錄

序
讀《論語》，此其時矣！

張作錦

美國哈佛大學教授杭廷頓，邀集美國一批學者，合寫了一本書《為什麼文化很重要》（*Culture Matters:How Values Shape Human Progress*）。杭氏在序言中指出：

一九九〇年代初期，我碰巧看到迦納與南韓一九六〇年代初期的一些經濟資料，令我十分震驚。當時迦納與南韓的經濟狀況非常相似，國民所得差不多，幾乎都是以原料出口為主，只是南韓有一些製造業產品。這兩個國家也都接受相同程度的經濟援助。三十年後，南韓成為工業大國，是全世界第十四大經濟體，擁有跨國性企業，是汽車、電子設備與其他製造業產品的主要出口國家，國民平均所得接近希臘。更重要的是，民主制度日益鞏固。迦納卻還是一樣，現在的國民所得只有南韓的十五分之一。這種懸殊的差異應該如何解釋呢？這當然有許多因素，不過我認為文化是很重要的因素。南韓重視節儉、投資、努力工作、教育、組織與紀律；而迦納的價值觀卻不一樣。換句話說，文化的影響很大。

這本書何時出版的，筆者未予查考，「聯經出版公司」的中譯本發行於二〇〇三年，距今十五年矣！根據維基百科所載，迦納二〇一六年國內生產總值（依購買力平價計算），平均國民所得四千三百九十美元。南韓總統文在寅二〇一八年一月二十七日提出韓國經濟策略報告，南韓今年平均國民所得將達三萬美元，兩國差距仍然很大。南韓也將從世界第十四大經濟體，躍升為第十一大。

從經濟觀點體認文化的重要性，早有前人。德國社會科學家韋伯（Max Weber）就曾直言：「如果我們從經濟發展的歷史能學到什麼，那就是幾乎所有的差異都是文化造成的。」

站在地球上談文化，中國的文化是不應缺席的。我們常說「中國有五千年文化」，則其源遠流長，自毋庸多說。

在汗牛充棟的華語典籍中，如果要找一本書來代表中國文化，毫無疑問的，《論語》應為首選。這本書是孔子與學生論道的紀錄，包括為學、做人和治事。千載以下，顛撲不破，垂為典範。不管你讀過《論語》沒有，是全部還是部分章節，它「潤物細無聲」，一定影響了你。

有些人說，《論語》過時了，進而根本上懷疑了中國文化的價值。中央研究院院士余英時教授一九七五年在《聯合報》上發表〈反智論與中國政治傳統〉一文，指出統治階層歷來多有反智傾向，但中國文化卻未動搖。余教授得首屆「唐獎」，另一學者李奭學教授引述余先生其他文章，指出「余教授相信，整體而言，中國的價值系統經得住現代化——甚至後現代情境——的考驗。中國人所應致力者，是賡續發掘本為己有的精神資源，更新自己既成的價值系統，庶幾就不會在變局中迷失自己，甚至可以貢獻一己，為萬世開太平。」

開太平要有新途徑。余英時教授追懷師恩，寫了《猶記風吹水上鱗：錢穆與現代中國學術》這本書，文中矚望兩岸三地學界：儒學欲得新生，必得會通西方以還魂。

事不與願違，現在有一位醉心中國文化，從西方「取經」回來，曾任國立台灣大學校長，本來是經濟學家，又有實際治世經驗的知識分子要來詮釋《論語》，他就是孫震教授。孫先生把他新著取名《半部論語治天下》，可見他對本書之重視，以及寄望之殷。

孫教授不僅寄望讀者，他更「寄望」於自己。這本書的規格，是先錄《論語》章句原文，次加白話翻譯，再次是詮釋衍繹其精神和意涵。這第三部分最重要，也使讀者最為受益。他自我要求：「我譯繹《論語》，為自己設下兩個標準：一個是譯文要明白通順，不像翻譯文字，一個是釋文應包含一些啟發或感動，這樣才會讓這本書有所貢獻。我希望成果尚能差強人意。」

孫教授太自謙了，他的成績遠遠超過「差強人意」。我有幸先讀，獲得不少「啟發」和「感動」。開卷之初，我就被震撼了。

《論語》首章「學而」——子曰：「學而時習之，不亦說乎？」孫教授語譯為——夫子說：「一面學習，一面隨時加以實踐，不是很愉快嗎？」把「習」解為「實踐」，這是我過去所沒有想到過的。對我個人，真是振聵發聾。在別的版本中，多是把「習」譯為「學習」、「複習」之類的。孫教授的釋義，道出他撰寫本書的基本用心：我們學聖人之道，是要「擇其善者而從之」的。否則我們知道溫良恭儉讓這幾個字，在實際生活中卻是愚魯粗鄙爭攘，熟讀《論語》又有何益？

再好的書，要人讀得下去才行。《論語》是古文，又常給人「說教」的印象。孫教授很能體會這一點，他在注釋《論語》時，常常博採群書，把古今中外有關的書籍言語，融會起來，不僅讓讀者興味盎然，而且增加了見聞與常識。譬如他考據子禽，就引用了司馬遷的《史記》、朱子的《四書章句集注》及蔣伯潛注釋的《語譯廣解四書讀本》。再如他考證子產的卒年，引用了《史記》、《左傳》；考證顏回生卒年月，也引證了《論語》各章節。務期讀者能了解《論語》某一段話、某一個故事，發生在什麼時候、什麼情境之下，這不僅讓讀者對《論語》有較深刻的理解，也是對大家的一項歷史教育。

當然，孫教授用力最多，自是在闡釋《論語》的中心思想：仁。仁者，人也。就是做人的道理，也就是人與人相處之道。人不能不和他人發生關係，其間要遵守何種規範，實行何種原則，對他人有何義務與責任，此即人倫，也就是倫理。

《論語》全文的核心，即在講仁，講倫理。千言萬語一句話：「仁者愛人」，「己所不欲，勿施於人」。

作為曾在西方受教育的經濟學家，孫教授最常引用亞當・史密斯的言論，來對應和闡發孔子的思想。孔子認為人的道德修養目標，是成為一個君子。在《論語》中，他與學生多次討論到君子，譬如他說：「君子義以為質，禮以行之，孫以出之，信以成之。君子哉！」孫教授指出，亞當・史密斯在《道德情操論》中，將人生的美德區分為審慎的美德、公平的美德和仁慈的美德。審慎的美德源自利己之心，在追求自己的經濟利益和社會地位。公平的美德和仁慈的美德源自利他之心，公平是不減少別人的利益，仁慈是增加別人的利益。

這就有一個問題：孔子也主張追求個人的利益嗎？是的！孔子並不反

對追求個人的利益。英國著名演化理論學者道金斯（Richard Dawkins）寫過一本《自私的基因》（*The Selfish Gene*），說明自私是天生的。通達如孔子，認為義和利不是對立的。《論語・里仁》——子曰：「富與貴是人之所欲也，不以其道，得之不處也。貧與賤是人之所惡也，不以其道，得之不去也。」孔子認為，無論追求富貴或排除貧賤，都要用正當的方法，否則寧願不要富貴，或寧願處於貧賤。在儒家的價值系統中，「正當」比財富和地位更重要。

我們讀《論語》整體的印象，好像孔子鼓勵人安於貧窮，不要追求世俗的幸福。所以孔子最器重的學生顏回，窮到「一簞食，一瓢飲，居陋巷，人不堪其憂」，孔子還讚美他「回也不改其樂」。所以近世之人，有認為《論語》已是一本不合時宜的書了。身為經濟學家的孫震教授，費了很大的力氣來解釋這個疑問：

傳統社會的特色是缺少技術進步，因此最大可能的總產值不變……人民總福祉或幸福的提升，依賴社會和諧與安定的改善。因此傳統社會鼓勵人民追求倫理，而非追求財富；參與公共服務。造福群眾，而非追逐個人的經濟利益。

現代社會的特色是技術持續進步，不斷推升總產值的上限，使人均所得不斷增加……社會總福祉或幸福不僅來自和諧與安定，同時也來自所得與財富……隨著經濟成長，財富在人民心目中的地位日益提高。這種情形反映在教育上就是重知識，以致倫理不受重視。然而倫理不彰導致社會不安。在一個動亂不安的社會中，人民不願儲蓄，企業家不願投資，經濟表現也會受到嚴重不利的影響。

解釋了孔學的時代背景，以及他真正的價值，孫震教授才理直氣壯地把他的序言題為〈大家讀《論語》〉。

在時下，「大家讀《論語》」似更有其迫切性。執政者蓄意「去中國化」，中小學校已把「德育」取消，讓中華文化與倫理教育逐漸在學校中消失。台大張亞中教授不久前發表文章「倫理教育公投救台灣」，他指出：

現在學校的教科書，只談個人的權利與義務，而不提文化著重的禮義廉恥，只認定台灣是多元文化，而不接受台灣是以中華文化為核心的多元文化；只教學生不服從運動、住民自決，而不告訴學生必須付出什麼樣的可能代價，更不提倫理道德對社會發展中的重要性……不願多用點時間教國小學生什麼是人與人的禮貌；公民教育中只學西方，教個人與國家的關係，而不提家族在文化中的重要性。

這種情形，是大家都知道的，重讀張教授的文章，仍令人不寒而慄。

亡人國者，先亡其史，史當然在文化中，亡其文化使其人粗鄙無禮，缺少信任，傾軋鬥爭，而其國不亡者幾稀？

台灣「天下文化」出版社在二〇一〇年，出版中國大陸文化學者余秋雨的書《中華文化》，他說「每當我在世界各地的一個個偉大的廢墟間看到文明殞落的證據時，總是感到非常震撼。」又說「滅亡有多種等級。土地的失去，廟宇的毀壞，還不是最高等級的滅亡。最高等級的滅亡是記憶的喪失。」若是文化沒有了，哪裡還有記憶？

談到中華文化，很難叫人不想起新加坡的李光耀，他在《李光耀回憶錄：我一生的挑戰，新加坡的雙語之路》中，講述五十年來，他如何投注心力，把新加坡從一個語言複雜、各說各話的前英國殖民地，打造成一個多數人通曉英文，同時懂得母語的團結國家。他認為，保存華語和華文，才不會導致民族自信和文化認同的淪喪。

台灣執政當局目前的種種作為，似乎正朝「導致民族自信和文化淪喪」的路上走去！所以孫教授呼籲「大家讀《論語》」，應是心情迫切吧！

中國人讀《論語》，還不僅是站在自己國家民族的立場，也應有「天下為公」的情懷。孔子曾說：「吾十有五而志於學，三十而立，四十而不惑，五十而知天命，六十而耳順，七十而從心所欲不踰矩。」換言之，如孫教授所解釋，「孔子五十歲知道人生所面臨的社會和自然的限制，六十歲對發生的事都有所了解，坦然接受，七十歲由於長期適應環境，自有節制，形成內在的規範，所以雖在規矩之中，仍能自由自在，從心所欲。」人生終究是有限制的，要有所敬畏，知所節制。

孫先生說：

十七世紀歐洲的啟蒙運動，強調自由與個人的主體性（individuality），接著十八世紀的工業革命，帶領世界走向現代經濟成長。政治民主化，經濟資本主義化，世界文化從集體主義轉向個人主義，從節制自我、達成社會目的，轉向鼓勵個人追求自己的財富、權利和自由。過去三百餘年，資本主義經濟與民主政治，隨著全球化普及全世界，尤其是第二次世界大戰以來，發展最為迅速。目前世界各國大致而言，得以享受歷史上前所未有的富裕，個人的權利和自主得到前所未有的保障，不能不說是現代西方文化的成就。

他又說：

然而追求自己的利益，不顧他人的利益，爭取自己的權利，無視他人的權利，擴充自己的自由，凌駕他人的自由。技術不斷進步，解除大自然對我們的限制；經濟不斷成長，解除物質給我們的限制；政治民主、社會多元，解除各種制度給我們的限制。人類膨脹自我，無所畏懼，不知節制，終將破壞自然與社會運作的規範，讓各種自然、經濟與社會的災害反過來傷害我們。

對於西方文明和中國文化的相互關係，余英時先生在其〈從價值系統看中國文化的現代意義〉文章中有所申論，也駁正了某些錯誤觀念。他說：

> 中國文化與現代生活並不是兩個原不相干的實體，尤其不是互相排斥對立的。「現代生活」即是中國文化在現階段的具體轉變。中國文化的現代轉變自然已離開了舊有的軌轍，並且不可否認的受到了西方文化的重大影響……但是現代化絕不等於西化，而西化又有各種不同的層次。科技甚至制度層面的西化，並不必然會觸及一個文化的價值系統的核心部分。現在一般深受西方論著影響的知識分子往往接受西方人的偏見，即以

西方現代的價值是普遍性的（universalistic），中國傳統的價值是特殊性的（particularistic）。這是一個根本站不住的觀點。

在世界的變局中，余院士指出，中國文化也許更能適應。他說：

我們可以說中國文化比較具有內傾的性格，和西方式的外傾文化適成一對照。內傾文化也自有其內在的力量，只是外面不大看得見而已。內在力量主要表現在儒家的「求諸己」、「盡其在我」，若以內與外相對而言，中國人一般總是重內過於重外。這種內傾的偏向在現代化的過程中的確曾顯露了不少不合時宜的弊端，但中國文化之所以能延續數千年而不斷卻也是受這種內在的韌力所賜。《大學》說「知止而後有定，定而後能靜，靜而後能安，安而後能慮，慮而後能得」。這段話大致能說明內傾文化的特性所在。這裡止、定、靜、安等本來都是指個人的心理狀態而言的，但也未嘗不適用於中國文化的一般表現。十八世紀以來，「進步」成為西方現代化的一個中心觀念。從「進步」的觀點看，安定靜止自然一無足取……但是今天西方的危機卻正在「動」而不能「靜」、「進」而不能「止」、「富」而不能「安」、「亂」而不能「定」。最近二三十年來，「進步」已不再是西方文化的最高價值之一了。

總而言之，無論從世界發展情勢、整體中國，尤其台灣的內在需要來看，大家認識和發揚中國文化，此其時矣！而儒學最重要的代表性典籍《論語》，我們如何能不重視？如何能不「大家讀《論語》」？

孫震先生是曾受西方教育的經濟學家，但一直醉心中國文化，退休後更是致力於儒學的研究與發揚。據說他床頭就放置了四書，可隨時取來閱讀。「半部論語治天下」這句話，典出宋朝宰相趙普。趙普是山東人，孫先生也是，孔子也是。這是一段佳話。但孫先生的這本書，絕對不僅是佳話而已。

「蓋文章，經國之大業，不朽之盛事。」孫先生的新著，應該就是這樣的吧！

（本文作者為前《聯合報》總編輯、社長，現任《聯合報》顧問）

序

天不生仲尼，萬古如長夜

黃啟方

有幸在第一時間拜讀了孫校長伯東先生的新著，除了感佩孫先生長久以來對孔子「富而好禮」理念的宣導，對孫先生以其現代經濟學的深厚涵養，重新發明儒家思想精髓與現代社會情勢實相契合的熱誠和擔當，更覺得應該大書特書，極力推崇：孫先生的用心與努力，讓人尊敬萬分！

孫先生當面屬序，難以推辭，不揣孤陋，謹略述讀後淺見。

一、孔門心法

本書的主軸之一，是對「孔門心法」的再提示，試舉五點說明：

（一）子曰：「學而不思則罔，思而不學則殆。」（為政第二·十五章）

孫先生在重新詮釋這兩句話的涵義後，總結說：「學而不思則罔，**思而不學則殆」，看似兩句很簡單的話，卻是孔子一生學思的心得，是孔門心法，值得我們奉為圭臬終身實踐，讓我們的智慧通達，人生圓滿。**

（二）子夏問曰：「『巧笑倩兮，美目盼兮，素以為絢兮。』何謂也？」子曰：「繪事後素。」曰：「禮後乎？」子曰：「起予者商也，始可與言《詩》已矣！」（八佾第三·八章）

孫先生以為當孔子時代，作為「倫理的社會支援體系」的「禮」，和倫理及倫理核心的「仁」比起來，不是本質，只是「形式」，所以說「禮後」。更說：**子夏從孔子對詩句的解釋聯想到禮和仁、禮和倫理之間的關係，正如子貢從孔子期許他「貧而樂，富而好禮」聯想到「如切如磋，如琢如磨」的詩句，都是了不起的領悟，所以得到夫子的稱贊。類似的例子《論語》中只有這兩處。值得我們用心學習**[1]。

孫先生對《論語》之熟諳，令人贊嘆，而「富而好禮」，又是孫先生一直鼓吹的理念。

（三）子曰：「志於道，據於德，依於仁，游於藝。」（述而第七．六章）

孫先生對「道」、「德」、「仁」、「藝」作簡要解釋後，再引其他各章以說明「志」、「據」、「依」、「游」的積極意義。而後說：這一章是**孔子告訴年輕人，什麼是有意義的人生或豐盛的人生——努力追求自己的理想，站穩道德立場，常保仁慈情懷，休閒時多學各種才藝。這也是孔子**

自己一生的實踐吧？

（四）子罕言：利、與命、與仁。（子罕第九．一章）

孫先生說：「利」字在《論語》中出現十次，其中六次指「利益」。「命」出現二十一次，其中十次指命運。「仁」出現一百零九次，其中一百零五次屬於倫理的項目。

孫先生更再分別闡釋說：不論在傳統的停滯經濟之下，或在現代的成長經濟之下，如果我們把利放在義的前面，傷害的事就會一直發生。人生受太多因素支配，難以預測。所以孔子很少談命。孔子雖然常常談論仁，但是對行仁有很高的期許，不輕易以仁許人。

1 按《論語．學而》說，子貢曰：「貧而無諂，富而無驕。何如？」子曰：「可也。未若貧而樂，富而好禮者也。」子貢曰：「《詩》云：『如切如磋，如琢如磨。』其斯之謂與？」子曰：「賜也，始可與言詩已矣；告諸往而知來者。」

（五）孫先生在討論顏回在孔門的崇高地位時，有一段非常深入而引人深思的論述：**顏回到宋代大致確定為儒家孔子之下第一人的地位。至南宋時，曾參、子思和孟子在他之後合為四配，配享於文廟。宋代大儒周敦頤、程頤、張載和朱熹也於南宋列入從祀。顏回的地位提高，去聖人只差一息，只因「不幸短命死矣」，所以未能成聖，對於宋代以來的儒家有兩點重大的影響。第一，使儒者的中心志業從先秦儒家經國濟民、關注社會安定進步的淑世思想，轉而向格致誠正、重視個人進德修業的方向傾斜。第二，以為依禮而行，就是成聖之道，忽略了仁是人的關愛之心是不變的。禮是社會的制度，而社會緣情制禮，隨社會結構改變而調整。以禮代替仁，以致重視形式，忽略實質；而當禮制僵化不變時，成為個人理想發展的桎梏。不思檢討對儒家思想的認識，反而指責禮教吃人，要打倒孔家店，真是太遺憾了！**

孫先生對宋儒執著的不安，實為卓見。而全書對「仁」與「禮」二者本末輕重的釐清，著墨甚多，不憚其煩，更見孫先生憂愁風雨之高遠情懷！

二、孔子的偉大

孫先生選〈子張十九〉的第二十章，作為本書的總結[2]。孫先生又說：**「孔子從年輕的時候就一直受人誤解。」即使孔子非常推崇的齊國宰相晏嬰，對孔子的理念也有成見。「實際上，孔子是一個重視實質勝於形式和細節的人。」**對此，孫先生舉了〈八佾〉篇的兩段話為證[3]。

孫先生說：**「一九九八年一月十八日至二十一日，七十五位諸貝爾獎**

2 叔孫武叔毀仲尼。子貢曰：「無以為也。仲尼不可毀也。他人之賢者，丘陵也，猶可踰也。仲尼，日月也，無得而踰焉。人雖欲自絕，其何傷於日月乎？多見其不自量也！」

3 林放問禮之本。子曰：「大哉問！禮，與其奢也，寧儉；喪，與其易也，寧戚！」「人而不仁，如禮何？人而不仁，如樂何？」

得主在法國巴黎總統官邸聚會，討論『面對二十一世紀的威脅與問題』。會中，一九七〇年瑞典籍諾貝爾物理學獎得主阿爾文（Hannes Olof Gösta Alfén）教授說：面對二十一世紀，人類要生存下去，就必須回到二十五個世紀以前，去汲取孔子的智慧。」

最後，孫先生語重心長的總結全書：**歷史的發展雖然屢次背離孔子的思想，然而終須回到孔子指引我們的道路，世界才有永續發展的可能。子貢說得對：「仲尼，日月也，無得而踰焉！」**

是的！子貢之後，就有「天不生仲尼，萬古如長夜」兩句，流傳四海。而今，更可以證實！如果還對孔子的偉大加以輕蔑或忽視，不僅是不自量而已，真的就是「非狂即妄」了！

三、「半部論語治天下」發微

孫先生以《半部論語治天下》一語作為本書書名，寄意深遠，茲嘗試加以申說。按《宋史．趙普傳》載：

普少習吏事，寡學術；及為相，太祖常勸以讀書。晚年手不釋卷，每歸私第，闔戶啟篋，取書讀之竟日。及次日臨政，處決如流。既薨，家人發篋視之，則《論語》二十篇也。

趙普（公元九二二年至九九二年）是宋朝的開國元勳，始終追隨宋太祖（公元九二七年至九七六年）；宋太祖趙匡胤出身將門，怎會勸趙普讀書呢？《宋史全文》說：

上（太祖）性嚴重寡言，獨喜觀書；雖在軍中，手不釋卷。聞人間有奇書，不吝千金購之。顯德中，從（周）世宗平淮甸。或譖上于世宗曰：「趙某下壽州，私所載凡數車，皆重貨也。」世宗遣使驗之，盡發籠篋，

唯書數千卷，無他物。世宗亟召上，諭曰：「卿方為朕作將帥，闢封疆，當務堅甲利兵，何用書為？」上頓首曰：「臣無奇謀上贊聖德，濫膺寄任，常恐不迨，所以聚書，欲廣聞見增智慮也。」

宋太祖之好讀書如此！又《宋史．太宗本紀》記載說：

宣祖[4]總兵淮南，破州縣，財物悉不取，第求古書遺帝，恒飭厲之。帝由是工文業，多藝能。

宋代帝王好讀書、多才藝，正是這種「祖宗教化」，也促成了宋代學術文化的的恢弘發展。

至於「半部論語治天下」一語，最早的記載見於南宋羅大經的《鶴林玉露》：

趙普再相。人言普山東人，所讀者止《論語》。……太宗嘗以此論問普。普略不應，對曰：「臣平生所知，誠不出此；昔以其半輔太祖定天下，今欲以其半輔陛下致太平。」普之相業固未能無愧於《論語》，而其言則天下之至言也。（卷七）

所以趙普是先以半部論語輔佐宋太祖平定天下，又要以另半部論語輔佐宋太宗治理天下，以達天下太平的境界。其後學者輾轉引用，各有所取；或作「半部論語平天下」「半部論語佐太平」「半部論語佐太祖定天下」「半部論語佐帝治天下」「半部論語決大政」等，而「半部論語治天下」最為常用。

4　即宋太祖與宋太宗之父趙弘殷。

四、本書選譯新釋篇章述要

本書選譯《論語》中若干篇章重新詮釋，試簡要說明。

《論語》一書，通行本是宋代朱熹的《四書章句集注》，其中《論語》分十卷二十篇。《論語》全書共四百九十三章，本書選譯新釋的合共五十八章。

孫先生未選譯釋者有二——〈鄉黨第十篇〉，全篇敘述孔子鄉居生活的態度儀容，可以印證子貢推崇孔子「溫、良、恭、儉、讓」的具體事實，屬於孔子德行的記載，毋庸置疑。〈堯曰第二十章〉，首章載堯命舜、舜命禹之詞及商湯、周武王誓師之意，有總結全書之旨。二章子張問孔子「何如斯可以從政矣」，則亦收結各章中所述，以明孔子為政之道。三章以孔子「不知命，無以為君子。不知禮，無以立。不知言，無以知人」三語終篇，以警醒學者：「知命、知禮、知言、知人。」意思顯豁，亦不待闡發。

清初馮班曾說：趙普用半部論語治天下，大是會讀書。如吾所見，只一、二句便終身受用不盡。（《鈍吟雜錄》卷二）能將《論語》一、二句的精神，實踐於日常生活，便可以終身受用不盡；若用於施政，則可以長治久安，造福民眾。

孫先生本書選譯五十八章賦予全新詮釋，既參取《孟子》、《左傳》、《史記》等古籍論述，補正前人注釋的誤失；又結合現代西方經濟思想與科技發展的現實，宏觀斟酌，析理入微，對提升個人涵養、和諧人際關係、發揮行政效能，促進人群福祉，都將有正面具體的效能。

謹寫於丁酉年冬日（民國一〇六年十二月十五日）

（本文作者為台灣大學中文系退休教授）

自序
大家讀《論語》

二〇一二年十一月，我被推選為中華教育文化基金會（中基會）董事長。這個由美國退還八國聯軍庚子賠款，在中華民國北洋政府時代於一九二四年成立的基金會，再過一年多就要滿九十週年了。我心裡一直想著應該做些什麼特別的事，以慶祝這個中華民國最古老基金會的九十歲生日？就在這個時候，孔孟學會理事長，同時也是我們基金會董事郭為藩兄提出英譯《論語》若干篇章的構想，於是由孔孟學會提出申請，經中基會執行委員會通過資助。

這個英譯《論語》計畫的工作小組由六個人組成，我也應為藩兄之邀濫竽其中。我們六個人有兩位是退休大使，一位是退休銀行家，一位是物理學博士，現在教企業倫理的管理學院教授，為藩兄是社會心理學家和特殊教育專家，而我是經濟學者。我們的共同特點是愛好中華傳統文化，從小受一點國學教育，對研讀《論語》有很大的興趣和熱忱。

這個英譯計畫有三點重要的意義。第一，以資本主義經濟與民主政治為主要內涵的現代西方文化，隨著全球化普及世界各國，由於鼓勵個人追求財富、權利和自由，雖然成效卓著，然而其對經濟永續發展與社會和諧安定的不利影響也日漸顯現，需要儒家重視倫理、義務與責任的思想來救贖。第二，傳統儒學專家比較不熟悉現代西方社會科學，而接受現代西方教育的社會科學學者愈來愈少接觸傳統儒學，雙方需要加強對話與溝通。第三，《論語》是研究孔子思想的第一手文獻，將《論語》中的重要篇章英譯並給予現代的詮釋，最有助於西方一般讀者了解儒家思想。

我們工作小組的六位朋友，彼此協調，各自選擇自己想寫的十五章，合為九十章，作為對中基會九十歲生日的賀禮。經過一年多的密集開會和討論，於二〇一五年十一月提出初稿；再經一年修正和補充一些相關資料，於二〇一六年十一月提出最終報告。現在完整的《論語粹語英譯今釋》（*An English Translation and Modern Interpretation of Select Chapters of the Analects*）正洽由香港中華書局出版，應可於二〇一八年問世，完成我們想要在西方個人主義和功利主義文化席捲全世界、滔滔者皆是也的今天，輸出中華傳統文化的一點微薄的初願。

孔孟學會的《論語》英譯計畫結束後，我有一點欲罷不能，繼續挑選《論語》的一些篇章，加以譯釋。不過這次只是為了自己的興趣，所以未加英譯。我雖已退休多年，但是演講邀約仍然不斷，為了認真準備演講，不得不時譯時停，以致不能維持穩定的工作品質。尤其到了一年將盡之際，過去答應的一些邀約一一到期，更覺應接不暇。所以決定暫時停下來，等待將來有完整的時間再繼續。

檢討過去一年的成果，包括原來十五章中的十四章，共已完成五十八章，各章引用的部分不包括在內。這五十八章的品質並不在同一水準，過去參加孔孟學會英譯計畫的十四章顯然有點「輕、薄、短、小」，如嚴格要求應「打掉重練」，不過我只做了部分補充。這五十八章中有五十六章以孔子為主，只有兩章以弟子為主，其中顏回談的是自己追隨孔子學習的體驗，子貢則是為老師的名聲辯護。過去傳統時代不鼓勵讀書人做生意，子貢的地位未受到重視，現代經濟成長時代，我們應提高子貢的地位，作為儒商的典範，鼓勵所有產業界，包括農、工、商在內，堅持倫理，創造價值，促進世界經濟的永續發展。

司馬遷說：「夫使孔子名布揚於天下者，子貢先後之也。」（《史記・貨殖列傳》）根據《史記・孔子世家》的記載：「孔子葬魯城北泗上，弟子皆服三年。三年心喪畢，相訣而去，則哭，各復盡哀；或復留。唯子贛廬於冢上，凡六年而後去。」

司馬遷重視經濟發展，他也在揄揚子貢的地位吧！公元二〇〇〇年，我初到曲阜，瞻仰孔廟、孔府和孔林，看到孔子墳墓右前方有一所簡陋的矮屋，說是子貢廬於冢上所居，雖然明知是今人新建，但是想起當年師徒情誼，仍然忍不住熱淚盈眶。

我並未從師學《論語》，更不用說有「明師指點」。我初到台灣的時候住在姨母家，看到姨父睡不著覺的時候背「四書」；為他提「四書」中任一句，他都能接著向下背，覺得十分羡慕。後來我讀台中宜寧中學，這所由裝甲兵子弟中學改制而成的私立中學，董事長是蔣緯國將軍，唯我並非裝甲兵子弟，只是裝甲兵子弟中學春季對外招插班生，我恰好沒學校讀，投考錄取。一九五二年我畢業的時候，得到蔣將軍贈送的四十元書卷，以二十三元從台中市中正路中央書局買了一本啟明書局刊印，由沈知方主稿、蔣伯潛注釋的《語譯廣解四書讀本》，從此置於床頭，沒事翻一翻，現在早已翻成散頁。這本書是我一生讀過無數本書當中，對我求學和做人幫助最大的一本，也是我讀「四書」的啟蒙老師。

我譯繹《論語》，為自己設下兩個標準：一個是譯文要明白通順，不像翻譯文字，一個是釋文應包含一些啟發或感動，這樣才會讓這本書有所貢獻。我希望成果尚能差強人意。

宋太祖和太宗的兩朝宰相趙普曾對太宗說：「臣有論語一部，以半部佐太祖定天下，半部佐陛下致太平。」所以有「半部論語治天下」之說。可惜近人多不讀了！我希望中國人都讀《論語》。其實縱然從來沒讀過《論語》的中國人，他的思想中和行為中，也有《論語》的影響，因為《論語》的教誨像春雨潤物一樣，早已深入到中華文化之中。杜甫有一首〈春夜喜雨〉詩：「隨風潛入夜，潤物細無聲。」不過如果大家都不讀，數十年之後，恐怕我們的文化就不一樣了。我希望西方人也讀《論語》，俾使西方文化更能造福人群。

感謝我的好朋友高希均兄同意由「天下文化」出版本書。過去我常怕自己的書沒有銷路，不敢拖累希均兄。可是《論語》是中國人的《聖經》，希均兄是滿懷文化使命感的人，所以建議請我們的共同好友張作錦兄看一看。作錦兄如覺得可以就出版，並請作錦兄賜序。我另外邀請前台大文學院院長、我的同事和好友黃啟方教授也寫一序，他們的溢美之辭我愧不敢當。

最後，讓我藉這個機會感謝我的助理盧曼珍女士。曼珍是台大社會科學院退休祕書，過去曾幫助社科院多位院長，現在回來協助我們台大經濟研究學術基金會的行政事務，其實最多時候是幫助我處理文稿。曼珍畢業於台大夜間部中文系，做事認真、負責、迅速、確實，文字訓練扎實，是我很大的福氣。我要說一聲：曼珍，謝謝。

學習是幸福的源泉

子曰：「學而時習之，不亦說乎？有朋自遠方來，不亦樂乎？人不知而不慍，不亦君子乎？」

——**學而 1.1**

夫子說：「一面學習，一面隨時加以實踐，不是很愉快嗎？有朋友從遠方來看我，不是很高興的事嗎？縱然沒有人知道，我也不會不高興，不是很有君子風度嗎？」

學習和實踐是快樂的來源，也是《論語》中的重要主題。為什麼這兩者是快樂的來源？因為人從學習與實踐中得到品德與知識的成長。品德和知識都是我們終身追求的終極目的，也就是「價值」，人生由此得到滿足與幸福。

明白這一點就能了解，孔子為什麼會說：「古之學者為己，今之學者為人。」（憲問）「飯疏食，飲水，曲肱而枕之，樂亦在其中矣。不義而富且貴，於我如浮雲。」（述而）「用之則行，舍之則藏，惟我與爾有是夫。」（述而）因為品德高潔、學問淵博就是君子安身立命之道。整部《論語》就是教育我們成為一位品德與知識兼備的君子，然後才期許我們服務社會，增進人民的福祉。

很多人認為本章第二句說的是朋友從遠方來切磋學問，因此第三句才說別人不知道我是什麼人也不會不高興。不過原文並未如此說，至少未明白說出來，我們不應任意增減。我們可以想像孔子時代交通不便，旅遊困難，有朋友遠道來見面，就是很快樂的事了。

一個人只有在對自己的成就滿懷信心的時候，才會不在乎別人是否知道自己。

品德比才華更重要

子曰：「弟子入則孝，出則弟，謹而信，汎愛眾，而親仁。行有餘力，則以學文。」

——學而 1.6

夫子說：「年輕人在家應孝順父母，出門應尊敬長上，行事應謹慎，說話應守信，對一般大眾應有愛心，還應親近品德高尚之人。這些都做到，如果仍有餘力，則用以研習典籍。」

孝、弟、謹、信、愛眾與親仁都屬於「倫理」，只有文指「知識」。

此點反映了傳統停滯社會與現代成長社會在社會結構上最基本的不同。傳統社會的特色是缺少技術進步，因此最大可能的總產值不變。在一定的技術水準下，由於經濟學中邊際報酬遞減律的作用，不論增加勞力或增加資本都不能使國家的總產值增加。人民總福祉或幸福的提升，依賴社會和諧與安定的改善。因此傳統社會鼓勵人民追求倫理，而非追求財富；參與公共服務，造福群眾，而非追逐個人的經濟利益。

現代社會的特色是技術持續進步，不斷推升總產值上限，使人均所得不斷增加。這種十八世紀中葉歐洲工業革命以後才出現的現象，叫做「現代經濟成長」。在現代社會中，人均所得不斷增加，財富不斷累積，知識與科技不斷進步，社會總福祉或幸福不僅來自和諧與安定，同時也來自所得與財富。倫理被視為當然，因此現代社會鼓勵人民追求財富，以及促進成長與財富所賴的知識。隨著經濟成長，財富在人民心目中的地位日益提高。這種情形反映在教育上就是重知識、輕倫理，尤其是科技與應用方面的知識，也導致倫理不受重視。

然而倫理不彰導致社會不安。在一個動亂不安的社會中，人民不願儲蓄，企業家不願投資，經濟表現也會受到嚴重不利的影響。

儒家人格的特質：溫、良、恭、儉、讓

子禽問於子貢曰：「夫子至於是邦也，必聞其政，求之與？抑與之與？」子貢曰：夫子溫、良、恭、儉、讓以得之。夫子之求之也，其諸異乎人之求之與？」

——學而 1.10

子禽向子貢探聽說：「我們老師來到這個國家，必定與聞這個國家的政事，是老師要求人家說給他聽的，還是人家自願說給他聽的呢？」子貢說：「我們老師溫和、善良、謙恭、自抑、禮讓，所以得到這樣的禮遇，我們老師要求的方式，大概不同於一般人要求的方式吧？」

子禽和子貢都是孔子的弟子，我們對子貢大都耳熟能詳，對子禽則可能有點陌生。《史記．仲尼弟子列傳》記載了兩則子禽和子貢的對話：

陳子禽問子貢曰：「仲尼焉學？」子貢曰：「文武之道，未墜於地，在人。賢者識其大者，不賢者識其小者。莫不有文武之道。夫子焉不學，而亦何常師之有。」

又問曰：「孔子適是國，必聞其政，求之與，抑與之與？」子貢曰：「夫子溫、良、恭、儉、讓以得之。夫子之求之也，其諸異乎人之求之也。」

司馬遷將這兩段對話放在對子貢的介紹當中，而不是把子禽當作孔門弟子介紹，同時子禽說到孔子，不言「夫子」，而稱「仲尼」或「孔子」，因此有人認為子禽不是孔子的學生。甚至朱子在其《四書章句集注》中，於介紹完了子禽姓陳，名亢，為孔子弟子後，也說：「或曰亢，子貢弟子。未知孰是。」不過根據沈知方主稿、蔣伯潛註釋的《語譯廣解四書讀本》：子禽就是《史記・仲尼弟子列傳》中的原亢籍，並說：「原氏出於陳，陳原同氏，亢字籍，一字子禽。」《禮記集說・檀弓下》載，子亢是齊大夫陳子車的兄弟，「即孔子弟子子禽也。」司馬遷將其誤為二人。上引兩段對話，第一段應是衛公孫朝向子貢的提問，見《論語・子張》，而非子禽。第二段才是子禽所問，也就是本章。

子禽在《論語》中另外一次出現是以陳亢之名。

陳亢問於伯魚曰：……「子亦有異聞乎？」對曰：「未也。嘗獨立，鯉趨而過庭。曰：『學詩乎？』對曰：『未也。』『不學詩，無以言。』鯉退而學詩。他日又獨立，鯉趨而過庭。曰：『學禮乎？』對曰：『未也。』『不學禮，無以立。』鯉退而學禮。聞斯二者。」陳亢退而喜曰：「問一得三，聞詩，聞禮，又聞君子之遠其子也。」（季氏）

從陳亢和伯魚這段對話中，我們得到兩點重要的訊息，第一，陳亢也就是子禽，是孔子的弟子。子禽比伯魚年輕，但伯魚對父親的弟子很有禮貌，回答問題用「對曰」。如果子禽是子貢的弟子，就不會用「對曰」了。第二，孔子並不親自教兒子學問，只是偶而提點一點。所以後來有人說孔子之孫子思傳孔子心法，恐怕不是可信的說法。

本章故事發生在孔子周遊列國時期，子禽可能是較子貢資淺的孔門弟子，心有所惑，所以向學長請教。孔子每到一處，都受到國君的禮遇，向他請教國家大事，這當然是因為孔子學識淵博，又有從政經驗和國際聲望，然而他的為人溫、良、恭、儉、讓，也是一個重要原因。

溫、良、恭、儉、讓所反映的，正是儒家理想的人格特質：心地善良、謙抑禮讓，與人無爭。

子曰：「君子無所爭，必也射乎？揖讓而升，下而飲，其爭也君子。」（八佾）

子謂顏淵曰：「用之則行，舍之則藏，唯我與爾有是夫！」（述而）

君子無所求，縱然有所求也是做好準備，等待機會，而不是巴巴結結的去爭取。

子張學干祿。子曰：「多聞闕疑，慎言其餘，則寡尤；多見闕殆，慎行其餘，則寡悔。言寡尤，行寡悔，祿在其中矣。」（為政）

「言寡尤，行寡悔」，自己準備好了，自然會有人請你做事，讓你有薪俸可拿。這是儒者的基本態度。這樣保守的態度，在今天社會注定會失去很多機會。然而在孔子所處的「傳統停滯時代」（traditional stagnation epoch），則是維持社會和諧安定最希望看到的典型。

「傳統停滯時代」技術水準不變，所以社會的總產值一定，偶發而缺少連續性的技術進步，使勞動生產力提高，總產值增加，人均產值與所得增加，人民生活改善。然而隨之而來的人口增加，使人均產值與所得重回原來水準。用馬克斯的理論來說：經濟是社會的下層基礎，下層基礎不變，上層建築也不變。故傳統停滯社會的遊戲規則，為一總數不變（constant-sum）的遊戲規則。

個人追求自己的利益不會使社會總福利增加，只會使其他人的利益減少。因此社會鼓勵個人謹守本分，負起自己的責任，善盡義務，而不是爭取自己的權利和利益。不過理想的社會也會提供一種誘因制度，讓一切守分君子得到各自應得的地位和報酬，這個制度在孔子時代就是「禮」。這就是孔子為什麼要諄諄教誨他最得意的弟子顏回「克己復禮。」（顏淵）遺憾的是，社會常常缺少健全的誘因制度，致使歷史上很多守禮君子和他們的家人遭受苦難。然而孔子說：「君子固窮，小人窮斯濫矣！」（衛靈公）真是令人感嘆！

直到十八世紀後期，歐洲的工業革命帶領世界進入「現代成長時代」（modern growth epoch），技術進步在資本主義制度的支持下，取得連續不斷的性質。技術不斷進步，使勞動生產力不斷提高，社會總產值和人均產值不斷增加，於是經濟持續成長，引起社會變遷。個人為追求自己的財富，創造了社會的財富；為追求自己的利益，促進了社會的進步。因此人生的態度出現改變，從消極默從、配合群體的要求，轉變為積極進取、追求個人的目的；社會也隨之從集體主義轉向個人主義。

以個人主義為本質的現代成長社會，每個人追求自己的利益和權利。

利益增加、掌握的資源增加，選擇的範圍擴大，自由度隨之增加。因此現代成長時代，是個人物質利益增加、權利和自由擴大的時代。然而追求個人的利益和權利，必須在倫理的節制下才會和社會公益一致。所以心存善念，雖然爭取自己的利益和權利，也不忘約束自己、尊重他人。應是在任何社會都會受人尊敬的美德。

貧而樂，富而好禮

子貢曰：「貧而無諂，富而無驕，何如？」子曰：「可也。未若貧而樂，富而好禮者也。」子貢曰：「詩云：『如切如磋，如琢如磨。』其斯之謂與？」子曰：「賜也，始可與言詩已矣，告諸往而知來者。」

——**學而 1.15**

子貢問：「貧窮但不諂媚，富有但不驕傲，怎麼樣？」夫子說：「可以了，不過不如貧窮然而快樂，富有然而好禮。」子貢說：「《詩》說『如同切割與磋光，如同雕刻與磨亮。』大概就是這個意思嗎？」夫子說：「賜呀，從現在起可以和你談《詩》了。告訴你過去就知道下一步會是什麼。」

為人能夠做到貧窮但不諂媚，富有但不傲慢，應該算品德不錯了。然而孔子對子貢有更高的期許，希望他能做到貧窮然而快樂，富有然而好禮。

關於「貧而樂」，司馬遷在《史記．仲尼弟子列傳》中採用的版本是「貧而樂道」，就是說貧窮卻樂於追求人生的理想。「貧而樂道」與「富而好禮」對仗很工整，意思也很好。然而「貧而樂」所反映的則是人生終極目的或價值的選擇——財富並非居於優先地位，人生還有其他更重要的價值，例如倫理和智慧。因此貧窮無礙人生的幸福和快樂。和「貧而無諂，富而無驕」相比，「貧而樂，富而好禮」是人生更高的境界。前者表示不做某些負面的事，後者則表示要有正面的態度；一個「貧而樂」的人當然不會巴巴結結去討好，「富而好禮」的人也不會傲慢無禮。

所以子貢聽了孔子的話，立刻想到「如切如磋，如琢如磨」。這兩句詩見於《詩經．衛風．淇澳》，說的是治骨角的人先用刀斧加以切割，再以鑢錫予以磋光；治玉石的人先用刀槌加以雕琢，再以沙石予以磨光，以求完美。「如切如磋，如琢如磨。」正是孔子對子貢精益求精的期許。子貢聽了孔子的話，能夠立刻聯想到這兩句詩，「聞一以知二」，所以孔子加以贊賞。

禮樂教化勝過政令與刑罰

子曰：「道之以政，齊之以刑，民免而無恥；道之以德，齊之以禮，有恥且格。」

——為政 2.3

孔子說：「用政令加以指導，以刑罰加以約束，人民逃避刑罰而失去羞恥之心。用道德加以引導，用禮制加以約束，人民保持羞恥之心，並且知道辨別是非。」

「道之以政，齊之以刑」和「道之以德，齊之以禮」是兩套基本上不同的社會誘因制度（social incentive system），支配人民為社會群體的目的，各自扮演好自己的社會角色。以政令指導，以刑罰約束，基本上是法家的思想。如果政令長期違背人民個體的需要，而靠嚴刑峻法貫徹政府的意志，短期後果就是「民免而無恥」，長期結局就是整個體系崩潰。歷史上的例子如秦始皇二世而亡，現代的例子如史達林時代的蘇聯和毛澤東時代的共產中國。

儒家主張用道德加以引導，用禮制加以約束。道德屬於倫理，倫理源自「利他」的關懷，為了別人的利益，自願節制自身欲望，扮演好自己的社會角色，善盡社會一分子的社會責任。廣義的禮包括儀式、規矩和制度三部分。規矩是人與他人、與群體相處應掌握的分寸，這種分寸藉適當的儀式加以表達，背後則受制度的節制；中規中矩的行為受到獎賞，相反的行為受到懲罰。狹義的禮，也就是我們平常所說和所看到的禮——只是儀式和規矩。

司馬遷在《史記・禮書》中說：「人道經緯萬端，規矩無所不貫，誘進以仁義，束縛以刑罰。故德厚者位尊，祿重者寵榮，所以總一海內而整齊萬民也。」仁義是倫理或道德價值，位尊和寵榮是社會價值。祿重是經濟價值。刑罰是社會規範中的法律則範；此外尚有其他社會規範，各在不同程度上約束我們的行為。

人生而有各種不同的欲望，包括利己的欲望和利他的欲望。人因為有利己的欲望，所以追求財富、地位和名聲，以維持生命和在社會中的生存與發展。因為有利他的欲望，所以才能與人發生良性互動，節制自己，關懷別人，以維持社會的和諧、秩序與安定。有和諧、秩序和安定的社會，才能反過來增進個人利益。不過利己的動機強烈，利他的意志薄弱，必須以社會制度的設計加以平衡。這個制度就是社會誘因制度，在孔子時代叫做「禮」。

孔子想藉個人的修養和教育，提升人心利他的關懷，以強化倫理的社會功能。然而倫理如果得不到制度的支持，孤芳自賞，很難維持久遠，這應是大自然的安排。也許是老天爺的一念之仁，讓卑微的個體，在惡劣的社會環境下，靠著利己之心，維持個體生機，讓族群得以延續。孔子那樣偉大的聖人，在東周禮壞樂崩的社會與政治條件下，周遊列國十四年，最後只有回到他的故鄉，刪詩書，訂禮樂，作春秋，垂教後世，希望終於有一天他的理想得以實現。

學習與思考使人生的智慧增長

子曰：「學而不思則罔，思而不學則殆。」

——為政 2.15

孔子說：「學習而不思考是浪費的，思考而不學習是危險的。」

二〇一三年十月八日的《大西洋月刊》（*The Atlantic*）報導，麥可·普特（Michael Puett）教授在哈佛大學教授古典中國倫理與政治理論，吸引數百名學生選課，研究古代中國哲學。普特教授在北大對七百位本科生演講使用的一張海報，上面引用的文字正是「學而不思則罔，思而不學則殆」的英譯。他的譯文是：「To Study but not think is a waste；to think but not study is dangerous.」單就文字而言，「to study」不如「to learn」好，因為「study」本來就有思考的意思在內。以翻譯「四書」聞名的英國劍橋大學詹姆斯・理雅各（James Legge）教授，就是用「learning」。他的譯文如下：「Learning without thought is labor lost；thought without learning is perilous.」孔子的這兩句話常被國內外學者引用，因為人生智慧的增長就是不斷學習和思考的結果，我們應時時加以體會。

學有知識之學，也有品德之學。學習要經過思考，才能將別人的知識融入我們自己的知識系統，觸類旁通、擴大眼光、提高境界、啟發智慧，增加我們觀察和處理問題的能力。古時候由於書寫困難，文字往往簡約而內涵豐富，尤其需要反覆誦讀，深入思考，才能化別人的經驗為自己的學問。其實不論古今，記誦不能累積而成學問，必須加上思考，將不同來源的知識加以組織，才能形成可以活用的學問。司馬遷在《史記・蘇秦列傳》中，為我們提供了一個生動的例子。

戰國時期的蘇秦早期遊說不成功，回到家裡受到家人嘲笑。蘇秦覺得很慚愧也不免感傷。於是閉門讀書，得到《周書・陰符》，一說是姜太公兵法，加以揣摩，成就了自己的學問。後來終於說服六國國君，接受他的「合縱」之說，以蘇秦為「縱約長」，配六國相印。

不過沒有足夠的知識，光憑思考，也不一定能想出好辦法。這就好像「巧婦難為無米之炊」，又像缺少材料的廚師難以做出好菜。孔子說：「吾嘗終日不食，終夜不寢，以思，無益，不如學也。」學習有時候能增加可用的知識，幫我們處理問題；有時候好像打開另一扇門，帶領我們進入一個新境界，讓我們豁然開朗。這真是知識的快樂！進入這個境界，我們才會知道，為什麼《論語》第一句就是「學而時習之，不亦說乎！」好學不倦，成就了孔子聖者的地位。

「學而不思則罔，思而不學則殆」，看似兩句很簡單的話，卻是孔子一生學思的心得，是孔門心法，值得我們奉為圭臬終身實踐，讓我們的智慧通達，人生圓滿。

《孟子．公孫丑》有下面一段記載：

子貢問於孔子曰：「夫子聖矣乎？」孔子曰：「聖則吾不能，我學不厭而教不倦也。」子貢曰：「學不厭，智也；教不倦，仁也。仁且智，夫子既聖矣。」

《論語．陽貨》中，孔子對子路有以下的教誨：

「……好仁不好學，其蔽也愚；好智不好學，其蔽也蕩；好信不好學，其蔽也賊；好直不好學，其蔽也絞；好勇不好學，其蔽也亂；好剛不好學，其蔽也狂。」

上面這段意思是說，好仁不好學，毛病在於無知。好知不好學，毛病在於漫無邊際，找不到方向；好信不好學，由於不明事理，不辨是非，容易造成傷害；好直不好學，遇事急切，容易敗事；好勇不好學，容易造成混亂，破壞秩序；好剛不好學，容易流於狂妄。仁、知、信、直、勇、剛都是好的品德，然而如果不學，也可能產生不好的後果。

由此更可以看出學的重要。光靠思考而缺少可以憑藉的學識，有時候走進死胡同，有時候盲人瞎馬，是很危險的。

禮在倫理之後

子夏問曰：「『巧笑倩兮，美目盼兮，素以為絢兮。』何謂也？」子曰：「繪事後素。」曰：「禮後乎？」子曰：「起予者商也，始可與言詩已矣。」

——八佾 3.8

子夏問道：「『俊俏的笑靨動人心弦，明亮的眼睛波光流轉，潔淨的素顏綻放燦爛的光彩。』這是什麼意思呢？」夫子說：「譬如繪畫，先有素底，後添顏色。」子夏說：「禮是在後的嗎？」夫子說：「啟發我的人是商呀！從現在開始可以和你談《詩》了。」

子夏所引的詩，前面兩句見《詩經・衛風・碩人》，惟無第三句，朱子認為是「逸詩」。

《詩經・衛風・碩人》一、二兩章，每章七句，全文如下：

碩人其頎，衣錦褧衣。齊侯之子，衛侯之妻。東宮之妹，邢侯之姨，譚公維私。

手如柔荑，膚如凝脂。領如蝤蠐，齒如瓠犀。螓首蛾眉，巧笑倩兮，美目盼兮。

〈碩人〉四章說的是齊侯的公主莊姜，嫁衛莊公為妻。莊姜是美女，〈碩人〉第一章描寫她身材修長，衣著高雅，家世顯赫。第二章亟言她形體美好。這樣一位天生麗質，社會文化背景好，衣著得體的美女，不事妝扮，巧笑盼顧之間，自然明豔動人。

子夏所引的第三句：「素以為絢兮。」絢是五彩繽紛的燦爛。「素以為絢」就是以素為絢，就像在畫板的素底上繪出美麗的圖像。在這裡，最重要的是美女的天生麗質，猶如畫板潔淨的素底。所以孔子說「繪事後素」，子夏立刻領悟到「禮後乎？」禮在什麼之後？在倫理之後。什麼是倫理？倫理就是人與人相處應維持的關係與應遵守的原則。

如果社會每一分子都能維持這種關係，遵守這些原則，善盡自己的義務，承擔自己的責任，扮演好自己的社會角色，社會就能和諧安定，有秩序的運行，讓人民可以安居樂業。倫理最主要的元素就是「仁」。孔子曰：「仁者愛人。」仁是廣闊的同情與關愛之心；人因為有同情與關愛之心，所以能夠體會他人的心境，願意在一定程度內，尊重他人的利益，成就他人的願望，使倫理得以維持。

禮在孔子時代，是倫理的社會支援體系。禮包括儀式、規矩和制度三部分。儀式是人際關係藉以表達的一些形式，包括動作和器物。規矩是人際關係的分寸。制度是讓規矩為人遵守與發生作用的社會機制，而機制建立在各種社會組織之上。

本章子夏所說的禮指儀式和規矩。所以禮和倫理、和倫理核心價值的仁相比，倫理或仁是本質，禮只是形式。本質藉形式彰現，也在一定程度上藉形式維護，然而不應逾越本質，更不應反客為主，以至喧賓奪主。所以說「禮後」。舉例來說：

林放問禮之本。子曰：「大哉問！禮，與其奢也，寧儉；喪，與其易也，寧戚。」（八佾）

禮與其奢華不如儉樸；喪與其鋪張，不如哀戚。

子曰：「人而不仁，如禮何？人而不仁，如樂何？」（八佾）

禮節制人的行為，使其符合與人相處應有的表現，然而人如果沒有愛心，只有冷冰冰的形式，有什麼意思呢？樂調和人的情緒，使其表現溫和親切的態度，然而人如果沒有愛心，虛情假意，有什麼意義呢？

子夏從孔子對詩句的解釋聯想到禮和仁、禮和倫理之間的關係，正如子貢從孔子期許他「貧而樂，富而好禮」聯想到「如切如磋，如琢如磨」的詩句，都是了不起的領悟，所以得到夫子的稱贊。類似的例子《論語》中只有這兩處，值得我們用心學習。

仁義必須在利益前面

子曰：「富與貴是人之所欲也，不以其道，得之不處也。貧與賤是人之所惡也，不以其道，得之不去也。君子去仁，惡乎成名？君子無終食之間違仁，造次必於是，顛沛必於是。」

——里仁 4.5

夫子說：「富與貴是我們喜愛的東西，不過如果不是用正當的方法，縱然得到也不接受。貧與賤是我們嫌惡的東西，不過如果不是用正當的方法，縱然得到也不排除。君子失去仁還有什麼名聲可言呢？君子沒有一頓飯的時間違背仁；匆忙之間如此，危難之間也如此。」

不論追求富貴或排除貧賤，都要用正當的方法，否則寧願不要富貴，或寧願處於貧賤。在儒家的價值系統中，「正當」比財富和地位更重要，當必須加以選擇時，正當居於優先的地位。什麼是正當？怎樣才算正當？這就涉及倫理問題。倫理是人與人之間應維持的關係，或人與人相處應遵守的原則。人與人之間要有同理心（empathy）和同情心（sympathy），關心別人，不做傷害別人的事，最好能幫助別人，增加別人的利益，這就是孔子所說的仁。

君子是有品德的人，而品德中最重要的部分就是仁。所以孔子說：「君子失去仁，還有什麼名聲可言呢？」仁是我們一輩子應守住的美德，就算是匆忙之間和危難之間都不可放棄。

不過，仁是關心別人的利益，富貴與貧賤則涉及自己的利益。我們不能否認，人的天性對自己的利益比對別人的利益更關心，這也是大自然為了所有生物的生存發展所做的設計，讓一切生物都知道趨吉避凶。因此仁雖然是一種高貴的品德，但若與個人利己之心發生衝突時，並不是每個人、每個時刻都能堅守不移。所以孔子稱贊他最欣賞的弟子顏回：「回也，其心三月不違仁；其餘則日月至焉而已矣。」（雍也）由此更見仁的珍貴，個人必須終身修持，「造次必於是，顛沛必於是」，社會必須以制度加以支持，這在孔子時代就是「禮」，在今天就是所謂「社會資本」（social capital）。

正當的另外一個解釋就是「義」，義者宜也，是指合理、不違背原則，也就是不違背仁的意思。

為人應把仁義放在個人利益前面的重大社會意義，可以用一個反例來說明。資本主義的理論家亞當．史密斯（Adam Smith）認為，自利是人性中不可改變的部分，明智的做法是利用人性的自利，促進社會全體的利益。他有一句膾炙人口的名言說，每個人為了追求自己的利益，「冥冥中有一隻看不見的手」帶領我們達成社會全體的利益。他雖然認為人的自利之心強烈，但也認為人皆有同情之心，人的自利之心常受理性、原則、良心和宗教信仰的節制。在資本主義的市場經濟制度中，自利與公益一致，是因為個人從事生產，創造就業與價值，從增加的價值中賺取個人的利潤，因此利潤得到道德上的正當性。

然而資本主義經過兩百多年的發展，晚近的趨勢愈加重視利潤，而不重視創造就業和價值，使個人利益背離社會公益，這可能是亞當・史密斯當年意想不到的結果。根本原因就在於把個人利益放在他人利益，也就是仁或義的前面。孔子說：「放於利而行，多怨。」（里仁）孟子說：「苟為後義而先利，不奪不饜。」（《孟子・梁惠王》）《易》曰：「君子慎始，差若毫釐，謬以千里。」

每種主張可能有其正當、甚至偉大的理由，但也可能有意想不到的後果，可不慎乎！

利誠亂之始也

子曰：「放於利而行，多怨。」

——里仁 4.12

夫子說：「凡事只求自己的利益，會引起很多怨懟。」

一個人做事如果只考慮自己的利益，不顧別人的利益，就會做出傷害別人的事，以致引起衝突和不安。現代經濟學之父、蘇格蘭哲學家亞當・史密斯在他的《道德情操論》（*The Theory of Moral Sentiments*, 1759）中，將倫理分成兩個層次，較低的層次是「公平」，較高的層次是「仁慈」。公平是不減少別人的利益，仁慈是增加別人的利益。因此公平是絕對的義務，也是倫理的底限，必須遵守；仁慈不是絕對的義務，只需努力去做。

亞當．史密斯的「公平」猶如孔子的「恕」，恕的意思是「己所不欲，毋施於人」，世稱金律，而「仁慈」猶如孔子的「仁」。不過孔子的仁還要求更多其他的美德，很難完全做到。我們做人做事至少要做到公平，不要傷害別人，以致使別人的利益減少。

亞當．史密斯雖然主張追求自利，並且說只要每個人追求自己的利益，就會達到社會全體的利益，不過他的前提條件是公平。在公平不使別人利益減少的情形下，只有為社會創造增加的利益，才能從中得到自己的利益，所以企業經營必須遵守企業倫理。我們如果將自己的利益放在倫理的前面，就可能做出違背倫理的事。

司馬遷在《史記》中討論到孟子時說：「利誠亂之始也。夫子罕言利者，常防其原也。」孔子在他的教訓中，鼓勵弟子追求品德和學問，從不鼓勵他們追求財富或金錢利益，不是孔子認為財富不重要，而是因為金錢利益已經很受到重視了，不宜多加鼓勵。

眞才實學才是人生最可靠的資本

子曰：「不患無位，患所以立；不患莫己知，求為可知也。」

——里仁 4.14

夫子說：「不擔心沒有位子，只擔心沒有坐在那個位子上的能力；不擔心沒有人知道自己，要努力做出成績，讓人家可以知道。」

人生追求的終極目的（ultimate ends），也就是內在價值（intrinsic values），有的源於利己之心的需求，有的源自利他之心的召喚。源自利己之心的目的為財富、地位與名聲；源自利他之心的目的為倫理，倫理表現於人的行為就是品德。前者可稱為世俗價值，後者可稱為倫理價值。西方現代資本主義文化重視財富；傳統儒家思想重視倫理或品德，在世俗價值中則重視地位和名聲。亞當・史密斯認為，人對地位和名聲的欲望比對財富的欲望更強烈。因為人在社會中受人肯定、有一定的影響力，才會感到自己的重要，肯定生存的意義。

儒家在世俗價值中，重視地位和名聲而不是財富，有幾個重要的原因：第一，儒家思想產生於兩千多年前的傳統停滯時期，由於缺少技術進步，所以社會的總產值有一上限，不會因為個人追求財富而增加。當時雖然無人想到現代的經濟發展理論，但是他們看到的事實就是如此，不需要任何理論說明。第二，當時的教育是稀有的機會，只有少數幸運的人才能得到；儒家培育出來的知識菁英，準備進入政府、服務社會，他們應關心的是人民的財富，而不是自己的財富。第三，地位和名聲，是社會對官員關心社會、服務社會的報償。不過真正的儒者更強調倫理價值，努力提升自己的道德修養，希望超越名利，以維持人格的獨立與尊嚴。

本章告訴我們，儒家對地位和名聲的根本態度是：不怕沒有地位，要有真才實學讓人家給你地位；不怕別人不知道自己，要做出成績讓大家知道。

儒家這種對地位和名聲的態度，還透露在《論語》的其他篇章之中：

子張學干祿。子曰：「多聞闕疑，慎言其餘，則寡尤；多見闕殆，慎行其餘，則寡悔。言寡尤，行寡悔，祿在其中矣。」（為政）

子曰：「不患人之不己知，患其不能也。」（憲問）

子曰：「君子謀道不謀食。耕也，餒在其中矣；學也，祿在其中矣。君子憂道不憂貧。」（衛靈公）

《禮記・儒行》提到，魯哀公問儒行，孔子回答：

儒有席上之珍以待聘，夙夜強學以待問，懷忠信以待舉，力行以待取；其自立有如此者。

儒者衣冠中，動作慎；其大讓如慢，小讓如偽，大則如威，小則如愧；其難進而易退也，粥粥若無能也；其容貌有如此者。

儒有居處齊難，其坐起恭敬，言必先信，行必中正，道塗不爭險易之利，冬夏不爭陰陽之和，愛其死以有待也，養其身以有為也；其備豫有如此者。

儒有不寶金玉，而忠信以為寶；不祈土地，立義以為土地；不祈多積，多文以為富。難得而易祿也，易祿而難畜也；非時不見，不亦難得乎？非義不合，不亦難畜乎？先勞而後祿，不亦易祿乎？其近人有如此者。……

第一，儒者重視自己的尊嚴，不會主動去求職，但會在學問上和品德上做好準備，等待出仕的機會。第二，儒者衣著得體，行動謹慎，受到邀請時，大的推讓如傲慢，小的推讓如虛偽，大的推讓堅決有威嚴，小的推讓像慚愧。請他出仕難，不想用他容易。他的表現低調，就像沒有什麼能力一樣。第三，儒者居家莊重，坐起恭敬，說話守信用，做事正當、規矩，不在小地方計較自己的利益，自愛自重，做好了出仕的準備。第四，儒者不看重金玉而看重忠信，不想得到土地，站穩義的立場就是他的土地，不想累積財富，學識淵博就是他的財富。請他做官難，但他不會計較俸祿；雖然不計較俸祿，但是留住他不容易，因為道義上如果不合，就會離你而去。

這樣有性格的人，縱然學問好、品德好，在今天恐怕也很難找到工作，坐在家裡等人三顧茅廬機會就更少。孔子如此教誨他的弟子，主要因為在孔子的思想體系中，知識菁英只要做好了準備，社會誘因制度

（social incentive system）就會把他們安排到適當的位置，為整體社會的利益而努力，這個誘因制度就是「禮」。可惜東周到了孔子的時候，已經「禮壞樂崩」了。孔子自己周遊列國，也沒有一個國君加以重用，所以只好退而作《春秋》，建立文字上的社會誘因制度，以垂範後世。

司馬遷在《史記．孔子世家》中，說到孔子受困於陳、蔡之間，和他的弟子子路、子貢、顏回的對話，透露出重大的訊息。

孔子先問子路說：

詩云「匪兕匪虎，率彼曠野。」吾道非邪？吾何為於此？

「不是野牛也不是老虎，在曠野裡跑來跑去。」難道我的主張不對嗎？怎麼會落到如此地步？

子路說：

意者吾未仁邪？人之不我信也。意者吾未知邪？人之不我行也。

難道我們的仁心不夠嗎？所以人家不相信我們。難道我們的學識不夠嗎？所以人家不照我們的理想去做。

孔子說：

有是乎，由？譬使仁者而必信，安有伯夷、叔齊？使知者而必行，安有王子比干？

由，有這樣的事嗎？如果仁者一定為人相信，怎麼會有伯夷、叔齊？如果知者的理想一定為人實行，怎麼會有王子比干？

孔子接著問子貢同樣的話。子貢說：

夫子之道至大也，故天下莫能容夫子。夫子蓋少貶焉？

夫子的理想太大了，所以天下容不下夫子。夫子何不降低一點標準？

孔子說：

賜，良農能稼而不能為穡，良工能巧而不能為順。君子能修其道，綱而紀之，統而理之，而不能為容。今爾不修爾道而求容，賜，而志不遠矣！

賜，好農夫能耕種，但不一定能有收成；好工匠能製作精巧，但不一定能讓人滿意；君子能努力研修自己的理想，將其綱舉目張、條理分明整理出來，但不一定能讓人接受。現在你不研修你的理想，只求讓人接受。

賜呀，你的志向不遠噢！

孔子接著問顏回同樣的話。顏回說：

夫子之道至大，故天下莫能容。雖然，夫子推而行之。不容何病？不容然後見君子。夫道之不修也，是吾醜也。夫道既已大修而不用，是有國者之醜也。不容何病？不容然後見君子。

夫子的理想太大了，所以天下不能容納。雖然天下不能容納，夫子還是加以推行。不能容納有什麼關係？不能容納才顯出來誰是君子。不努力研修我們的理想，是我們之恥，理想已經很完整而不被採用，是國君之恥。不能容納有什麼關係？不能容納才現出來誰是君子。

孔子聽了高興地笑起來，說：

有是哉，顏氏之子？使爾多財，吾為爾宰。

有這樣的事嗎？顏家的小子？你如果有錢，我來做你的管家。

孔子師徒之間這三段對話，繪聲繪影，讓後之讀者如聞其聲，如見其人，雖然欠缺文獻依據，但很能表現孔子處世的態度，三位弟子的發言也各如其分。正因孔子不肯曲道求容，所以他在魯國無法立足，周遊列國也找不到發展的機會。如果孔子能夠身段柔軟一點，降低一點標準，先為國君接受，等地位穩固以後再逐步實現自己的理想，也許可以成就一番世俗的功業。然而失去誠、信、正直，還可以尊為聖人，成為中國人的萬世師表嗎？

在孔子所嚮往、也是他想建立的理想社會中，個人尤其是君子應懷著仁愛之心，無私地獻身社會，照顧他人利益，社會則應有對應的制度，照顧獻身的君子。這就是孟子所說的「有天爵者，有人爵者。仁義忠信，樂善不倦，此天爵也；公、卿、大夫，此人爵也。古之人修其天爵，而人爵從之……」（《孟子・告子》）只要你實現了天爵的美德，社會就會用人間的爵位予以報答。

可是今天不一樣了。在西方文化席捲之下的社會理念，每個人只要追求自己的利益，社會就會有一種機制，把大家的努力組織起來，達成社會全體的利益。兩種基本理念不同的社會，關鍵因素都是如何建立健全的社會誘因制度，將個人目的與社會目的聯結為一體。

對於個人來說，我們顯然需要多一點積極進取的態度。然而「不患無位，患所以立；不患莫己知，求為可知也。」仍是為人處世穩健的做法，因為真才實學永遠是人生最可靠的資本。我們如將人生追求的目的訂在功名利祿，則在追求的過程中心情焦慮，患得患失，最後仍然可能落空；如訂在充實學問、提升品德，則操之在我，不會落空，功名利祿只是附隨的結果。

君子與小人之別

子曰：「君子喻於義；小人喻於利。」

——里仁 4.16

夫子說：「君子對事情，看是否合於義；小人對事情，看是否對自己有利。」

君子是孔子所塑造的理想人格的典範，小人則是君子的對照面。在孔子之前，君子主要指為政者，在位之人，或政治領域中管理階層的人，小人指一般平民百姓。

君子在孔子心目中的地位僅次於聖人。孔子說：「聖人，吾不得而見之矣；得見君子者，斯可矣。」（述而）君子的任務是「修己以敬」、「修己以安人」、「修己以安百姓」（憲問）。不論「修己」或「安百姓」，都不可能做到一百分，永遠可以更好，因此，只能當作心嚮往之的目標。孔子又說：「君子道者三，我無能焉：仁者不憂，知者不惑，勇者不懼。」（憲問）又說：「修己以安百姓，堯舜其猶病諸！」（憲問）「君子不器」（為政）「君子無所爭」（八佾）「君子內省不疚」所以「不憂不懼」（顏淵）。君子心裡想的是國家社會的利益，不是自己的利益。所以「君子謀道不謀食……憂道不憂貧。」（衛靈公）什麼是道？孔子念茲在茲的道，就是追求個人完美的人格，建設讓人民安居樂業的理想社會。

《中庸》也提到，子曰：「君子之道四，丘未能一焉：所求乎子以事父，未能也；所求乎臣以事君，未能也；所求乎弟以事兄，未能也，所求乎朋友先施之，未能也。」

義和利都是人生追求的最終目的，也就是價值中的兩個項目——義屬於倫理價值，利屬於世俗價值。義是指具有正當性，我們應該去做，或應該承擔的事。廣義的利包括名和利在內，名是社會價值，利是經濟價值；狹義的利僅指經濟價值，用今天的話說就是所得與財富，所得累積而為財富。

義和利都是我們內心有需要，所以一生在追求的價值。義和利有時會發生衝突，但並非一定會發生衝突。孔子說：「富而可求也，雖執鞭之士吾亦為之；如不可求，從吾所好。」（述而）人沒有一點物質活不下去，物質豐富一點，生活可以更舒適，縱然從事一種世俗可能認為低下的職務，孔子也不排斥。可見孔子並不覺得富不好，或者不對。不過「如不可求」，也不會患得患失，因為在他心中，另有其他幸福的來源。

孔子又說：「富與貴是人之所欲也，不以其道，得之不處也。」（里仁）富與貴就是廣義的利。利雖然好，大家都想得到，然而如果以不正當的手段才能得到，則寧願不要。不正當的手段就是不義，當利和義發生衝突的時候，就應捨利取義。從個人的觀點看，不義是不道德的行為，所以義不可違背。從社會的觀點看，義最低的條件是不傷害別人的利益，如果為了得到自己的利益而去傷害別人的利益，違背基本公平，不但受傷害的人不能接受，要起而抗爭，社會也不能接受，政府更不能容許，因為這破壞了社會的和諧與安定。

孔子說：「飯疏食，飲水，曲肱而枕之，樂亦在其中矣。不義而富且貴，於我如浮雲。」（述而）孔子並不排斥財富，而且不惜接受賤役以取得財富。但取得財富不能違背正當性，也就是義的原則。在這一點上，孔子的思想和現代西方資本主義創造財富、賺取利潤的理念是一致的。不過孔子時代尚無今天的技術進步與經濟成長，因此安貧樂道、視富貴如浮雲，更符合當時的技術與經濟條件。

任何政府的施政，都以增進人民的福祉為優先目標。

子適衛，冉有僕。子曰：「庶矣哉！」冉有曰：「既庶矣，又何加焉？」曰：「富之。」（子路）

庶是人口眾多。人口眾多以後，要增加他們的所得與財富。儒學經典主要在告訴準備進入政府或現在正在政府服務的學者，如何增加人民的福祉。所以對人民應增加他們的財富。當政的人則要採取正當的手段，不需要自己創造財富，更不可與人民爭奪財富。因此：

樊遲請學稼。子曰：「吾不如老農。」請學為圃。曰：「吾不如老圃。」樊遲出。子曰：「小人哉，樊須也！上好禮，則民莫不敢不敬；上好義，則民莫敢不服；上好信，則民莫敢不用情。夫如是，則四方之民襁

負其子而至矣。焉用稼？」（子路）

政府只要「好禮」、「好義」、「好信」，施政清明親民，四面八方的老百姓就投奔而來，不需要當政者自己去耕種。《大學》說：「國不以利為利，以義為利也。」這裡的國指政府、指為政者。為政者不能以聚斂政府的財富為利，因為「財聚則民散。」政府應採取正當的手段，增加人民的財富。正如有若所說：「百姓足，君孰與不足？百姓不足，君孰與足？」（顏淵）老百姓有錢，政府還怕收不到稅嗎？老百姓如果沒有錢，政府向什麼人收稅呢？

《大學》也提到：

孟獻子曰：「畜馬乘，不察於雞豚。伐冰之家，不畜牛羊。百乘之家，不畜聚斂之臣；與其有聚斂之臣，寧有盜臣。」此所謂國不以利為利，以義為利也。長國家而務財用者，必自小人矣，彼為善之。小人之使為國家，災害並至，雖有善者，亦無如之何矣！此謂國不以利為利，以義為利也。

掌管國家的人如果貪圖財富，一定會用小人去聚斂，因為小人最擅長此道。然而災難就一件一件到來，這時候雖然讓有能力的人來處置，也來不及了。

《孟子．梁惠王》有名的「義利之辨」所說的，也是人民的利和為政者的義，其實並無難辨之處。孟子見梁惠王，梁惠王問：「何以利吾國？」孟子答：「王何必曰利，亦有仁義而已矣！」梁惠王問的是國家的利益，孟子答的是政府應有的態度和應採取的手段。政府只要施仁政，國家就可以富強了。

到了明代，很多讀書人「棄儒入賈」。他們學的是君子治國、平天下之道，卻面臨庶民義利之間的選擇。只要他們切記孔子「富與貴是人之所欲也，不以其道，得之不處也。」以及「不義而富且貴，於我如浮雲」的教誨，在不違背義的原則下去追求財富，就可以得到個人的財富，同時也促進了國家的利益。現代西方資本主義經濟，如果能遵守我國儒家自古以來的義利之辨，資本主義的很多弊端也就可以避免。

自從二〇〇一年美國爆發安隆（Enron）醜聞，導致公司破產，美國參眾兩院迅速於二〇〇二年七月通過《沙賓法案》（Sarbanes-Oxley Act），加強公司治理（Corporate Governance），工商界也日愈重視企業倫理（business ethics）和企業社會責任（Corporate Social Responsibility, CSR），不過如果缺乏發自內心的倫理自覺，不論外來的要求如何強烈，外在的管制如何嚴密，也必定事倍功半，不容易發揮效果。孔子說：「道之以政，齊之以刑，民免而無恥；道之以德，齊之以禮，有恥且格。」（為政）孔子的教誨，值得東西方熱心發展經濟的政治領袖和企業家多加思考。

王者的氣概與智慧

或曰：「雍也，仁而不佞。」子曰：「焉用佞？禦人以口給，屢憎於人。不知其仁，焉用佞。」

——**公冶長 5.5**

子曰：「雍也，可使南面。」仲弓問子桑伯子。子曰：「可也，簡。」仲弓曰：「居敬而行簡，以臨其民，不亦可乎？居簡而行簡，無乃大簡乎？」子曰：「雍之言然。」

——**雍也 6.1**

有人說：「冉雍有仁德，但不是很會說話。」夫子說：「哪裡用得著很會說話？與人交往而言語敏捷，往往惹人生厭。我不知道冉雍是不是仁，但哪裡用得著很會說話。」

夫子說：「冉雍，可使南面而坐，為一國之君。」冉雍問，子桑伯子怎麼樣呢？夫子說：「可以了，他是一個不在小地方計較的人。」冉雍說：「平常認真用心，行事不在小地方計較，如此對待百姓，也就可以了。如果平常不認真，行事又不在小地方用心，未免太漫不經心了吧？」夫子說：「冉雍說得對。」

冉雍字仲弓，少孔子二十九歲，和顏回、閔子騫、冉伯牛同列為德行科。他的家世低微，本人卻氣度非凡，孔子說他「可使南面」，但又說「不知其仁」。《論語》這兩章引發兩個重要問題，一個是孔子從什麼地方看出冉雍可使南面為君？作為國君，其人格特質是什麼？另外一個是孔子不輕易以仁許人，究竟在他心目中，怎樣才算得上仁呢？

關於前面一個問題，孔子所看到冉雍的人格特質，我們在《論語》中有關冉雍的篇章，只能看到一部分。第一點，冉雍是個沉靜寡言的人。國君不宜多言，國君說話太多，一是妨礙臣下智慧的發揮；二是言多必失，有損國君的威望和聲譽；三是政策若出於臣下的建議，可課以責任，若出於國君，就要自己負責；四是容易被人利用，投其所好，夤緣攀附，離間團隊之和諧關係。第二點，冉雍居敬行簡，讓屬下有充分發揮的空間，又不致失控。第三點，雖然察納雅言但是有自己的主張，在孔子這樣有學問又是老師的面前，仍能從容指出「居簡行簡」之不可。

至於《論語》中冉雍部分未提及，但在其他部分可以看到的，還有第四點，寬厚大度，可以容人。

子曰：「為上不寬，為禮不敬，臨喪不哀，吾何以觀之哉？」（八佾）

寬則得眾。（陽貨）

以及第五點，以德領導。

子曰：「為政以德，譬如北辰，居其所而眾星共之。」（為政）

子曰：「無為而治者，其舜也與？夫何為哉？恭己正南面而已矣。」（衛靈公）

關於後面一個問題，孔子不輕易以仁許人，他心裡想到的仁究竟是什麼意思？仁是一種慈愛之心，表現為對人的關懷，而想加以實現，就像亞當·史密斯所說，仁慈是使別人的利益增加。不過關懷的對象有不同的範圍，實現或落實的程度有不同的大小，就像亞當·史密斯的仁慈，究竟增加了哪些人的利益？增加多少呢？因此孔子的弟子問仁，孔子每次都給予不同的答案。我們在《論語》中看到，最簡單的答案是「愛人」，最容易做到的是「我欲仁，斯仁至矣。」子張問仁，孔子告訴他需具備的條件：

子張問仁於孔子。孔子曰：「能行五者於天下者為仁矣。」請問之。曰：「恭、寬、信、敏、惠。恭則不侮，寬則得眾，信則人任焉，敏則有功，惠則足以使人。」（陽貨）

冉雍問仁，孔子告訴他應有的態度：

仲弓問仁。子曰：「出門如見大賓，使民如承大祭。己所不欲，勿施於人。在邦無怨，在家無怨。」仲弓曰：「雍雖不敏，請事斯語矣。」（顏淵）

孔子說，出門如同去看尊貴的客人，應抱持恭敬的態度，差遣人民應懷著虔誠的心，不可輕率；對人應寬恕，自己不喜歡的事，不要對別人做。這樣，不論在邦國的廟堂之上，或在卿大夫之家，都不會有人怨恨。

至於孔子自己想做到的仁，則是「己欲立而立人，己欲達而達人。」（雍也），也就是自己想要照顧好自己，也想幫助別人照顧好自己；自己想要成就事功，也想幫助別人成就事功，從自己身邊做起，讓天下老百姓得到安頓，過幸福的日子。

所以當子路和子貢都覺得管仲人格上有瑕疵，質疑他算不算仁者時，孔子則肯定管仲：「如其仁，如其仁。」他所持的理由就是管仲為天下維持了和平，使百姓免於刀兵之苦，又抵禦東夷，保全了華夏衣冠。

子路曰：「桓公殺公子糾，召忽死之，管仲不死。」曰：「未仁乎？」

子曰：「桓公九合諸侯，不以兵車，管仲之力也。如其仁，如其仁。」（憲問）

子貢曰：「管仲非仁者與？桓公殺公子糾，不能死，又相之。」子曰：「管仲相桓公，霸諸侯，一匡天下，民到于今受其賜。微管仲，吾其披髮左衽矣！豈若匹夫匹婦之為諒也，自經於溝瀆，而莫之知也。」（憲問）

在孔子心中，弟子中只有顏回「其心三月不違仁，其餘則日月至焉而已矣。」（雍也）除了顏回以外，其餘的人只是偶而想到仁而已。所以孔子雖然覺得冉雍氣度非凡，可以南面為君，並且已經告訴他為仁的態度：恭敬、虔誠與寬恕，但仍然「不知其仁。」

不要聽他怎麼說，要看他怎麼做

宰予晝寢。子曰：「朽木不可雕也，糞土之牆不可杇也。於予與何誅！」子曰：「始吾於人也，聽其言而信其行，今吾於人也，聽其言而觀其行，於予與改是。」

——**公冶長5.10**

宰予白天睡覺。夫子說：「腐朽的木頭不可以雕刻，糞土糊成的牆壁不可以粉刷，對於宰予，還有什麼可以責備的呢！」夫子說：「從前我對人，聽他怎麼說，就相信他會怎麼做；現在我對人，聽他怎麼說，還要觀

察他怎麼做。因為宰予而有此改變。」

本章包括孔子兩次個別的評論，由於評論的對象都是宰予，所以先賢將其併為一章。不過亦有其他版本分作兩章處理。

宰予即宰我，字子我，能言善辯，在孔門言語科排名第一，尚在子貢之前。不過孔子對他功利主義的價值觀不以為然，也不喜歡他說話不誠實的態度。下面是《論語》中三個具體的例子：

一、宰予問三年之喪：

宰我問：「三年之喪，期已久矣。君子三年不為禮，禮必壞，三年不為樂，樂必崩。舊穀既沒，新穀既升，鑽燧改火，期可已矣。」子曰：「食夫稻，衣夫錦，於女安乎？」曰：「安。」「女安則為之。夫君子之居喪，食旨不甘，聞樂不樂，居處不安，故不為也。今女安，則為之。」宰我出。子曰：「予之不仁也。子生三年，然後免於父母之懷。夫三年之喪，天下之通喪也。予也，有三年之愛於其父母乎？」（陽貨）

這段對話代表兩種不同的價值觀。宰予所抱持的是「目的論」（teleological theory）的價值觀；孔子所抱持的是「義務論」（deontological theory）的價值觀。目的論以行為的後果，作為判斷善惡好壞的標準；義務論不論後果，只問是不是應該，凡應該做的事，就應不計後果，當作一種義務去完成。

宰予不愧是語言家，他的詞藻華麗，排比整齊，說理有層次。他知道孔子重視禮樂教化，所以開口就提出三年不事禮樂則禮壞樂崩的大道理。這麼說雖然誇大其詞，不過居喪三年的確會耽誤一些世務，對個人和社會都有不利的影響。過分講究禮，也是當年齊景公想重用孔子，而晏嬰加以勸阻的一個重要原因。

接著宰予提出喪期一年的主張。他說一年之中，舊的穀子已經吃完了，新的穀子已經成熟了，鑽木取火的木頭也更換了，一年的時間已經可以了。然而孔子關心的則是父母去世後，子女哀傷的感受。所以他問宰予，讓你吃精米，穿美服，你覺得心安嗎？宰予答得誠實，說：「安。」孔子說，既然心安，那麼就去做吧。君子居喪期間，吃美食吃不出美味，聽音樂不覺得快樂，居處舒適，內心感到不安，所以不做。現在你既然覺得心安，那麼就去做吧。這正是「人而不仁，如禮何？」的道理。宰予出去後，孔子說：宰予真是不仁呀！小孩子生下來三年，才能脫離父母的懷抱。所以三年之喪是天下通行的喪期。宰予對他的父母也有三年之愛嗎？

二、宰予問井有仁焉

宰我問曰：「仁者雖告之曰：『井有仁焉。』其從之也？」子曰：「何為其然也？君子可逝也，不可陷也；可欺也，不可罔也。」（雍也）

宰予問，告訴仁者井裡頭有仁，他也會跟著跳下去嗎？孔子說：為什麼要跟著跳下去？君子可以去死，但不可以陷害他；可以欺騙，但不可以當他是傻瓜。

宰予這段問話含有輕蔑和挑釁的意味。孔子聽了應該會生氣吧？不過我們從孔子的回答中看不出生氣的樣子，只是加以責問。這時候孔子還未見過宰予白天睡覺，覺得他尚可教誨吧？

三、哀公問社

哀公問社於宰我。宰我對曰：「夏后氏以松，殷人以柏，周人以栗，曰：『使民戰栗。』」子聞之曰：「成事不說，遂事不諫，既往不咎。」（八佾）

社是祭拜后土的地方，周圍種植樹木。宰予告訴魯哀公，夏代的人種植松樹，商代的人種植柏樹，周代的人種植栗樹。聽說是為了讓人民害怕顫抖。其實究竟應種什麼樹，完全看當地的氣候水土，宰予信口開河，加上一句「使民戰栗。」孔子不以為然。孔子說已經完成的事就不要再說，進行中的事不要勸阻，過去的事不要追究。這三句話是至理名言，也常被引用。畢竟過去的事說它幹什麼，徒傷和氣而已。不過在這裡，我們比較看不出這些話和宰予的關係。

魯哀公居然向宰予請教，可知當時宰予已經頗有一點名聲和地位了。

儒家講求做人正直誠信，表裡如一，不欺人也不自欺。這樣的君子最容易受騙。所以孔子說：「好仁不好學，其蔽也愚。」（陽貨）人情世故學著點。不是做君子就該受騙上當。

孔子又說：「論篤是與，君子者乎？色莊者乎？」（先進）有人講話一臉誠懇的樣子，他究竟是一位誠篤君子呢？還是戴著假面具，做出莊重的樣子呢？其實人天生有為自己辯解和掩飾的本能。人的行為和自己相信的倫理原則一致，使行為取得道德上的正當性（justification），才會心安理得，所以會不知不覺為自己的行為找理由。

康德說，當利害的算計進到心中，我們就再也不能辨別是非。這正是君子應通過修養，努力避免的事。孔子說：「君子疾夫舍曰欲之，而必為之辭。」（季氏）君子討厭明明自己想要，卻不說想要，而另外說出一番似是而非的理由。所以我們如果想建立一個大家推誠相見，不說假話的理想社會，不僅要提高個人的倫理素養，還要建立一個健全有效的社會誘因制度，獎善懲惡，讓大家不講假話，這個制度在孔子時代就是「禮」。

那麼我們如何在一個虛偽的社會中，不為人騙而保持自己正直的人格呢？孔子說：「視其所以，觀其所由，察其所安；人焉廋哉！人焉廋哉？」（為政）所以是為什麼（why）；所由是用什麼方法、採取什麼手段，或循什麼途徑（how）；所安是心之所安，究竟心裡在乎的是什麼（what）。我們對一個人只要看他為什麼做這件事，用什麼方法，或者採取什麼手段去做，最後觀察他心裡想要的究竟是什麼，這個人就無所遁形了。

子貢未聞孔子談性與天命

子貢曰：「夫子之文章，可得而聞也。夫子之言性與天道，不可得而聞也。」

——公冶長5.13

子貢說：「夫子的道德學問，可以有機會聽到。夫子談論性與天道，就沒有機會聽到了。」

性是指人的本性，或者與生俱來的天性。人的天性如何？是善還是惡？是利己還是利他？我們在《論語》中未見孔子有所說明，他只說：「性相近也，習相遠也。」（陽貨）人的天性本來差不多，後天的學習和環境使其差別擴大。

孟子認為人性本善。怎麼知道人性本善呢？孟子有名的例子是：

今人乍見孺子將入於井，皆有怵惕惻隱之心。非所以內交於孺子之父母也，非所以要譽於鄉黨朋友也，非惡其聲而然也。（《孟子．公孫丑》）

所以人皆有惻隱之心，也就是不忍人之心。孟子認為，人不僅有惻隱之心，還有羞惡之心、辭讓之心和是非之心。惻隱之心是「仁」的開端，羞惡之心是「義」的開端，辭讓之心是「禮」的開端，是非之心是「智」的開端。因此仁、義、禮、智都是人性所固有的，用現在的話說，就是都是固有價值（intrinsic values）。不過禮屬於外在的制度，智屬於知識的範圍，兩者都和性情無關，怎麼可以和屬於倫理的仁、義混為一談呢？

孟子是孔子之孫子思的再傳弟子。子思在他的《中庸》中開宗明義就說：

> 天命之謂性，率性之謂道，修道之謂教。

又說：

> 喜怒哀樂之未發，謂之中，發而皆中節謂之和。中也者，天下之大本也。和也者天下之達道也。致中和，天地位焉，萬物育焉。

這兩段是說，來自上天，也就是大自然之秉賦，就是性；順著此天性發展就是道，也就是人生之正道；修習此人生之正道就是教。然而人性喜怒哀樂之未發，固然中規中矩，如果發而未能皆中節，也能算是道嗎？這樣的道我們應加以遵循，並且以之為標準去修習嗎？自古以來讀《中庸》的同道，不知有沒有這樣的疑慮？

唐代的李翱於其〈復性書〉中，在「性」之外加了一個「情」的因素。他認為性是善的，性動而生情，表現為喜怒哀懼愛惡欲各種情緒，迷亂了人的本性。本性迷亂則昏聵不明，使原本善的性不能表現出來。所以他說「情者性之邪也。」我們如果想找到本性，就應調節情的發展，使其恰到好處，達到中和的程度；妄情滅息，善的本性就顯現出來。聖人制禮節制人的行動，作樂調和人的情緒，就是為了讓人的行動與情緒達到中和，得見本性。

孟子的性善和子思的「天命之謂性，率性之謂道」，要等到南宋的大儒朱熹，才提出完整的說明。朱子認為宇宙萬物都是由理和氣兩個元素結合而成，作為萬物之靈的人也是一樣。他說：「人、物之生，必稟此理，然後有性；必稟此氣，然後有形。」性就是理，理只是善，所以「率性之謂道。」然而人的氣有清有濁，所以人有賢、愚、不肖，必須通過教育加以修正，這就是「修道之謂教」。

李翺的〈復性書〉對宋儒有很大的影響。李翺說：「性者天之命也，聖人得而不惑者也；情者性之動也，百姓溺之而不能知其本者也。」然而人之性皆善，一般人和聖人並無差別，所以「可以循之不息而至於聖也。」孔子將這套性命之學傳之顏回，顏回得之拳拳不失，差一點就到達聖人的境界。「其餘登堂者，蓋皆傳也，一氣之所養，一雨之所膏，而得之者各有深淺，不必均也。」

宋儒受到李翺〈復性書〉的鼓勵，努力追求成聖，而且認為顏回之所學，就是「學為聖人之學」，甚至將顏回的地位排在孟子之前。關於本章，程頤評論說：「此子貢聞夫子之至論而歎美之言也。」朱子也說：

「性與天道，子貢初未達此，後能達之，故發此歎辭。」范祖禹則說：「夫子之於門人，各以其材之大小高下而教之，性與天道，則未嘗以語子貢，自子貢以上，則庶幾可得而聞也。」（以上均見於朱熹《論孟精義》）宋儒如此推崇顏回，貶低子貢，可能與子貢不受命而去做生意有關。

不過我們在《論語》中看不出孔子在「性相近也，習相遠也」之外，尚有高深的性命之學；也看不出孔子將這套性命之學傳給顏回。他只是一位務實的思想家，對於自己不知道的事「蓋闕如也」，也不會做一些虛幻的臆設，以之為根據，形成理論。

人性決於大腦的構造，其首要功能在於維護個體的生存、發展，與族群的延續、繁盛。亞當・史密斯認為人性有利己的成分，也有利他的成分。利己之心強烈，利他之心薄弱，因為利他之心來自利己之心的投射，產生人飢己飢、人溺己溺的作用。孔子「食於有喪者之側，未嘗飽也；是日哭，則不歌；見齊衰、瞽者，雖童子必變。」（《史記・孔子世家》）都是同情心的投射。亞當・史密斯並從人的利己之心引申出「審慎的美德」（the virtue of prudence），從利他之心引申出「公平的美德」（the virtue of justice）和「仁慈的美德」（the virtue of benevolence）。公平是不減少別人的利益，仁慈是增加別人的利益。公平接近儒家倫理中的義，而範圍較窄，仁慈接近仁，其範圍亦較狹窄。

亞當・史密斯說：「節制私欲，樂施仁慈，成就人性的完美。」又說：「為人如能做到恰好的審慎，嚴格的公平，與適當的仁慈，可謂品格完滿矣。」人性不需要神祕色彩的解釋。亞當・史密斯以上的名言，相信主張「滅人欲，存天理」的朱子也會同意吧？

天道字面的意義，是指自然運行之道。自然的運行有一定的規律，萬物順應，得以生存發展，違反自然的規律，逆天而行，終必受到自然的限制。孔子說：「為政以德，譬如北辰，居其所而眾星共之。」（為政）又說：「天何言哉？四時行焉，百物生焉。天何言哉？」（陽貨）天道和人事有什麼關係？古人總覺得冥冥中有一種神祕的力量，超越個人努力，影響世間的禍福、國家的盛衰與個人的窮通。子夏說：「死生有命，富貴在天。」（顏淵）不過沒有人真正知道，所以孔子存而不論：「子不語怪、力、亂、神。」（述而）唯亦不加否定。

本章只是子貢感歎沒有機會聽到孔子談論命與天道。不宜引伸為子貢的資質不夠，難聞夫子幽微精深的大道。如果子貢的資質不夠，那麼資質高於子貢的孔門弟子，除了顏回，還有何人呢？

四項君子的品德成就子產政治家的地位

子謂子產有君子之道四焉：其行己也恭；其事上也敬；其養民也惠；其使民也義。

——公冶長 5.16

夫子說子產有四項君子的品德：他為人謙恭有禮；他侍奉國君尊敬、用心；他對人民施加恩惠；他差遣人民正當、公道。

子產是春秋後期鄭國的賢相。根據《史記・鄭世家》的記載，鄭簡公十二年（公元前五五四年）以子產為卿；歷經簡公（在位三十六年）、定公（在位十三年）、獻公（在位十三年），於聲公五年（公元前四九六年）去世，主掌鄭國國政五十五年。不過根據《左傳》的記載，子產應是卒於魯昭公二十年（公元前五二二年）、鄭定公八年；是年孔子三十歲。

子產為政以德。鄭國在他秉政期間，從容周旋於晉、楚兩個大國之間，維持國家安定，所以有國際聲望，鄭國的老百姓對他也很感念。《孟子》有兩個故事，很能畫龍點睛，顯現子產為人施政的風格。

子產聽鄭國之政，以其乘輿濟人於溱洧。孟子曰：「惠而不知為政。歲十一月徒杠成，十二月輿梁成，民未病涉也。君子平其政，行辟人可也。焉得人人而濟之？故為政者，每人而悅之，日亦不足矣！」（《孟子・離婁》）

子產用自己的車子渡老百姓過河。孟子認為他是施小惠，但不知為政之大道。為政者只要搭起橋梁，老百姓就不必煩惱涉水過河了。為政者如果討好每個人，有那麼多時間嗎？孟子說的是大道理，焉知子產不是一面修橋，一面適逢其會，用自己的車子助人過河？放在今天民主政治的情景下，偶施小惠，一定會得到不少選票吧？子產可能才是真正知道為政之道的人。

另外一個故事說：

昔者有饋生魚於鄭子產。子產使校人蓄之池。校人烹之，反曰：「始舍之，圉圉焉，少則洋洋焉，攸然而逝。」子產曰：「得其所哉！得其所哉！」校人出，曰：「孰謂子產智？予既烹而食之，曰：『得其所哉！得其所哉！』故君子可欺以其方，難罔以匪其道。……」（《孟子．萬章》）

校人是管理池沼的小吏。這位小吏雖然描述生動如詩人，但行為則是十足的小人，子產的表現，卻是大智若愚的君子。

我們從《論語》的這一章，看到做人的四項美德：恭、敬、惠、義；這四項美德同時也有政治上的成效。品德是在別人的需要上做出自己的奉獻，而不是在自己的欲望上索需無度。孔子在陽貨篇的「子張問仁」一章說：「能行五者於天下者為仁矣。」這五者就包括恭和惠。孔子說：「恭則不侮」、「惠則足以使人」。對人謙恭有禮，別人自然不會對我們侮慢；對人有恩惠，當我們有需要的時候，人家才會幫忙。同樣道理，我們對長官或長輩存著尊敬之心，為他們做事盡心盡力，自然會得到他們的信任，授權讓我們做事；我們對部屬的要求正當、公道，部屬才會心悅誠服去服務。這都是子產在鄭國施政成功，並且為人稱道的原因。不過品德雖然有其功利的效果，但是把品德只當做自己應盡的義務和應負的責任，才是真正君子的作為。

孔子曾經應請，對春秋時期的三位賢相加以評論：

或問子產，子曰：「惠人也。」問子西，曰：「彼哉！彼哉！」問管仲，曰：「人也。奪伯氏駢邑三百，飯疏食，沒齒無怨言。」（憲問）

子產是一位心腸好的人，予人恩惠。子西是楚國大夫，孔子只說：「這個人呀！這個人呀！」孔子稱管仲「人也！」仁者人也，仁就是做人的道理，所以「人也」也就是仁人的意思。齊桓公奪伯氏的采邑三百戶給管仲，致使伯氏陷入貧境，但伯氏終身沒有怨言。朱熹在他的《四書章句集注》中評論說：「管仲之德不勝其才，子產之才不勝其德；然於聖人之學，則概乎其未有聞也。」

子產死後，他的兒子大叔繼子產秉國。《左傳》有一段評論，很值得為政的人思考：

鄭子產有疾，謂子大叔曰：「我死，子必為政。唯有德者能以寬服民，其次莫如猛。夫火烈，民望而畏之，故鮮死焉。水懦弱，民狎而翫之，則多死焉。故寬難。」疾數月而卒。大叔為政，不忍猛而寬。鄭國多盜，取人於萑苻之澤。大叔悔之，曰：「吾早從夫子，不及此。」興徒兵以攻萑苻之盜，盡殺之。盜少止。仲尼曰：「善哉！政寬則民慢，慢則糾之以猛。猛則民殘，殘則施之以寬。寬以濟猛，猛以濟寬。政是以和。」

施政如果太寬，老百姓就容易輕慢，輕慢就容易犯罪，犯罪就會受到懲罰，反而失去寬的初意。只有有德的人，使天下人受到感召，才能「以寬服民」。所以孔子說，寬猛相濟，才是施政的中和之道。

孔子聽到子產去世的消息，不禁流下眼淚。孔子說：「古之遺愛也！」古時候留下來的恩惠在世間呀！

說話眞誠、做人正直才能受人尊敬

子曰：「巧言、令色、足恭，左丘明恥之，丘亦恥之。匿怨而友其人，左丘明恥之，丘亦恥之。」

——公冶長5.25

夫子說：「甜言蜜語，討好的面容，過分恭敬的態度，左丘明覺得可恥，我也覺得可恥。對人有怨恨，卻隱藏自己的怨恨，和人家做朋友，左丘明覺得可恥，我也覺得可恥。」

語言和態度反映人的品格和教養，也關係人與人相處的互信和尊重。孔子重視語言，語言是他的四項分科教育德行、政事、語言和文學之一，其代表人物為宰予和子貢。不過孔子的語言教育並非教人花言巧語，而是說話要真誠、得體。孔子最不喜歡宰予的言行不一，他說：

「始吾於人也，聽其言而信其行；今吾於人也，聽其言而觀其行。於予與改是。」（公冶長）

子貢「利口巧辭」，孔子也常加以貶抑，給他一點挫折，以免他出言傷人或說大話，傷害到自己的品格。

子貢方人。子曰：「賜也賢乎哉？夫我則不暇。」（憲問）

子貢曰：「我不欲人之加諸我也，吾亦欲無加諸人。」子曰：「賜也，非爾所及也。」（公冶長）

我不希望別人加到我身上的事，我也不會加到別人身上。這原本是好事，但是孔子告訴子貢說：「這不是你能做得到的。」

說話要看時機。孔子初到衛國時，向公明賈打聽衛國大夫公叔文子的為人，曰：

「信乎，夫子不言，不笑，不取乎？」公明賈對曰：「以告者過也。夫子時然後言，人不厭其言；樂然後笑，人不厭其笑；義然後取，人不厭其取。」子曰：「其然，豈其然乎？」（憲問）

該說話的時候才說話，所以別人不會討厭你說話。「以告者過也」是說，告訴你這件事的人說過頭了。「其然，豈其然乎？」是說，這樣呀，真的這樣嗎？

說話要看對象：

子曰：「可以言而不與之言，失人；不可與言而與之言，失言。知者不失人，亦不失言。」（衛靈公）

知者是有智慧的人，有智慧的人知道什麼話對什麼人說，該說或不該說，既不失人，也不失言。

言行要一致。孔子說：「君子恥其言而過其行。」（憲問）就是言過其實。又說：「其言之不怍，則為之也難。」（憲問）說大話不臉紅，但做起來就困難了。所以說出來的話要能做到。孔子有一次在答覆子路的問題時說：「故君子名之必可言也。言之必可行也。君子於其言，無所苟而已矣！」（子路）君子不隨便說話，說了就應能做到。

基本上，孔子不喜歡多說話的人。他說：「剛毅、木訥，近仁。」（子路）又說：「君子欲訥於言，而敏於行。」（里仁）訥是講話遲頓的意思。司馬牛問仁。孔子告訴他：「仁者其言也訒。」曰：「其言也訒，斯謂之仁乎？」子曰：「為之難，言之得無訒乎？」（顏淵）訒也是言語遲頓的意思。做起來困難，講起來能不謹謹小心嗎？

孔子更不喜歡花言巧語。有人說孔子的弟子仲弓，也就是冉雍，「仁而不佞」。佞是口才便給，會說話。孔子說：「焉用佞？禦人以口給，屢憎於人。不知其仁，焉用佞。」（公冶長）以言辭犀利、辯才無礙與人交接，往往讓人厭惡。冉雍是不是仁，我說不上來，不過那裡用得到口才便給呢？冉雍是孔子得意的弟子，他氣度恢宏，不多說話。孔子因此說：「雍也，可使南面。」（雍也）

孔子最討厭巴巴結結、甜言蜜語，看人臉色說話，討人家的歡心。

《論語》兩次記載孔子說：「巧言、令色，鮮矣仁。」（學而、陽貨）因為這樣的人作賤自己的人格，而且可能別有用心。我們不但自己不應這樣做，別人對你「巧言、令色、足恭」的時候，也應提高警覺，不要中了小人的圈套。

明明厭惡這個人，卻隱藏自己的真情，和他做朋友，違背內心的真誠，所以孔子說「左丘明恥之，丘亦恥之。」

本章主要的意思是說做人要真誠，表裡如一，成就人格的圓滿，也會贏得別人的尊敬。「巧言亂德」（學而），虛情假意，讓社會失去信任，增加成本，也增加了險惡。

子路重情義，顏淵重品德，孔子心懷天下

顏淵、季路侍。子曰：「盍各言爾志？」子路曰：「願車馬、衣、輕裘與朋友共，敝之而無憾。」顏淵曰：「願無伐善，無施勞。」子路曰：「願聞子之志。」子曰：「老者安之，朋友信之，少者懷之。」

——**公冶長5.26**

顏回、子路陪侍在孔子身邊，夫子說：「你們何不說說自己的志願？」子路說：「我希望我的車子、馬匹、衣服和輕軟的皮袍與朋友分享，用壞了也不心疼。」顏淵說：「我希望不誇口自己的好處，不稱道自

己的功勞。」子路說：「希望聽一聽先生的志願。」孔子說：「老年人予以安頓，朋友予以信任，年輕人予以關懷。」

子路和顏回都是孔子喜愛的弟子，但是兩個人的個性不同，關心的問題也不同。這次師徒三人在一起，各自述說自己的心願。子路一向搶先發言，他的心願是好東西和好朋友分享，用壞了也不後悔；他在乎的是朋友之間的情義。顏回為人謙讓，他的心願是該做的事就努力去做，不炫耀自己的長處，也不吹噓自己的功勞；他在乎的是個人的修養與品德。孔子心懷天下，希望老年人得到照顧，朋友受到信任，年輕人受到關懷。從健全個人人格到建立一個理想的社會，讓每個人得到照顧，過安和樂利的生活，是孔子栖栖皇皇追求的理想人生，也是他一生念茲在茲的道。道就是人生理想的道路。

子路年輕的時候，性情粗野、為人剛強耿直，好勇鬥狠；做了孔子的弟子以後，努力學習做人的道理，躬行踐履，成為行政高手，在孔門「政事」科名列冉有之後。談到子路和冉有，孔子說：「由也，千乘之國，可使治其賦也。」「求也，千室之邑，百乘之家，可使為之宰也。」（公冶長）看他們自述自己的志向，子路說：「千乘之國，攝乎大國之間，加之以師旅，因之以饑饉，由也為之，比及三年，可使有勇，且知方也。」冉有說：「方六七十，如五六十，求也為之，比及三年，可使民免，如其禮樂，以俟君子。」（先進）在孔子的高標準下，子路和冉有都是「具臣」，「具臣」是像樣子的臣子，到「大臣」還有一段距離。大臣「以道事君，不可則止，」具臣則「弒父與君，亦不從也。」（先進）

不過子路好勇的性格一直保持不變。孔子每遇到適當機會就加以告誡：

子路曰：「君子尚勇乎？」子曰：「君子義以為尚，君子有勇而無義

為亂，小人有勇而無義為盜。」（陽貨）

勇沒有什麼不好，不過要以義加以指導。君子有勇無義會製造混亂，小人有勇無義會成為強盜。

子謂顏淵曰：「用之則行，舍之則藏，唯我與爾有是夫。」子路曰：「子行三軍，則誰與？」子曰：「暴虎馮河，死而無悔者，吾不與也。必也臨事而懼，好謀而成者也。」（述而）

孔子對顏回說，人家用我們的時候就出仕，不用我們的時候就歸隱，只有我和你做得到。子路說，夫子如果統率三軍，和什麼人一起呢？子路心裡想的是，夫子率軍打仗總要帶我一起吧？不過夫子給他機會教育說：赤手空拳打老虎，徒步過河，死而無悔的人，我不會和他一起。和我一起的人，一定要遇事知所戒懼，善加規畫，使事情得以完成。

閔子侍側，誾誾如也；子路行行如也；冉有、子貢侃侃如也。子樂。「若由也，不得其死然。」（先進）

閔子是閔損字子騫，以孝聞名，在孔門「德行」科，名列顏淵之後。「誾誾如也」是恭敬的樣子，「行行如也」是剛強的樣子，「侃侃如也」是自在的樣子。孔子在心愛的弟子陪侍下，心裡高興，不禁開玩笑說：「像子路這樣，好像不得好死的樣子。」夫子雖然說的是玩笑話，不料後來竟一語成讖！

子路也是孔門弟子中唯一敢頂撞老師的人：

子見南子，子路不說。夫子矢之曰：「予所否者，天厭之！天厭之！」（雍也）

南子是衛靈公夫人，有不好的名聲。孔子見南子一事，按《史記・孔子世家》的記載，是公元前四九六年，孔子五十六歲。子路不悅，孔子發誓說：「我所為若有不當，讓天厭棄我，讓天厭棄我！」孔子說出這麼重的話，可知子路是多麼不悅了。

子路曰：「衛君待子而為政，子將奚先？」子曰：「必也正名乎？」子路曰：「有是哉？子之迂也，奚其正？」（子路）

這段故事發生在公元前四八八年，孔子六十四歲，從蔡國回到衛國。這是他周遊列國期間第五次也是最後一次進入衛國。這時衛靈公已於公元前四九三年去世，他的孫子出公繼位。子路向孔子請教，將建議衛出公先做什麼。孔子說「正名」。子路說：「有這樣的事嗎？這就是夫子您迂腐了，名有什麼好正的呢？」子路這次真是太過分了，所以孔子罵他：「野哉，由也！」

《論語》記載了另外兩個歷史事件。子路反對孔子的意圖，而孔子也聽從了他的意見。

公山弗擾以費畔，召，子欲往。子路不說，曰：「末之也已，何必公山氏之之也？」子曰：「夫召我者，而豈徒哉？如有用我者，吾其為東周乎？」（陽貨）

佛肸召，子欲往。子路曰：「昔者由也聞諸夫子曰：『親於其身為不善者，君子不入也。』佛肸以中牟畔，子之往也，如之何？」子曰：「然。有是言也。不曰堅乎，磨而不磷；不曰白乎，涅而不緇。吾豈匏瓜也哉？焉能繫而不食？」（陽貨）

公山弗擾是魯國季桓子的屬下，盤據季氏的大本營費造反，召請孔子，孔子有意前往。子路不高興，說：「沒地方去就算了，何必到姓公山的地方去呢？」孔子說：「召喚我的人難道只是召喚我嗎？如果有人能用我，我也許能創造東周的事業。」佛肸是晉國的中牟宰，以中牟為根據地造反，召請孔子，孔子有意前往。子路說：「我以前聽先生說，親身做壞事的人，君子不參加他們。現在佛肸以中牟為根據地造反，先生要過去，是怎麼回事呢？」孔子說：「不錯，我是這麼說過。不過至堅之物，不會磨薄，至白之物，不會染黑。我難道是個葫蘆嗎，掛在那裡只給人家欣賞，不給人家食用？」

這兩個故事，考據歷史，多有不符，只足以說明子路的耿直和孔子急切需要一個可以施展抱負的地方。

子貢曰：「……夫子之得邦家者，所謂立之斯立，道之斯行，綏之斯來，動之斯和……」（子張）

子貢是說，夫子如能為諸侯或卿大夫，領有自己的土地和子民，那麼就像我們所說的，他扶植百姓自立，百姓就會自立；他引導百姓上進，百姓就會追隨，他安撫百姓，百姓就會近悅遠來；他感化百姓，百姓就會和諧相安……子貢似乎把老師神化了。不過證諸孔子為中都宰，「一年，四方皆則之。」似乎並非虛言。

子路雖然有時候冒犯孔子，但他是最敬愛孔子的弟子，為了老師可以拚命。孔子說：「自吾得由，惡言不入於耳。」子路追隨孔子周遊列國，又追隨孔子返魯，後來赴衛國為官，先後擔任蒲大夫和衛大夫孔悝采邑的首長。孔悝的母親是前太子蒯聵的姐姐。衛出公十二年（左傳作十三年），蒯聵潛回衛都，挾持孔悝作亂，子路馳援。他進城的時候，遇到孔子另外一位弟子子羔出城；子羔就是孔子所說「柴也愚」的高柴。子羔告訴子路，衛出公已經出走了，局勢已無可挽回，你還是回去吧，不要徒然受害。子路說：「食人家的俸祿，就不能逃避人家的災難。」子路這時候也六十多歲了，他在奮戰時帽帶被擊斷。子路說：「君子可以死，但是帽子不能掉下來。」最後在他繫帽帶的時候戰死。他真是一位正氣凜然的勇者，讓很多人羞愧！孔子聽到衛亂的消息說：「啊呀，子路死了！」子路得此知音，應是死而無憾！

子路做學問也許不是很用心，但孔子稱贊他「登堂矣」，只是尚未入室而已。顏回則是孔子登堂入室的弟子。子路在《論語》中出現四十七次，子貢出現四十四次，顏回出現二十一次，其中只有兩次主動提出問題。不像子路和子貢跟在老師身邊，問東問西，問出很多雋永有智慧的對話。所以孔子說顏回對他所說的話「不違如愚」（為政），又說，「回也，非助我者也，於吾言，無所不說。」（先進）顏回真是極端聰明，領悟力強，「聞一以知十」，老師說的話一聽就了然於心，不需要多問。做老師的得到這樣的學生固然高興，但也會失去師生對話可能產生的很多啟發。

國。

顏回主動提出的問題，一次是問仁，一次是問為邦，也就是如何治國。

顏淵問仁。子曰：「克己復禮為仁。一日克己復禮，天下歸仁焉。為仁由己，豈由人乎哉？」顏淵曰：「請問其目。」子曰：「非禮勿視，非禮勿聽，非禮勿言，非禮勿動。」顏淵曰：「回雖不敏，請事斯語矣。」（顏淵）

顏淵問為邦。子曰：「行夏之時，乘殷之輅，服周之冕，樂則韶舞。放鄭聲，遠佞人。鄭聲淫，佞人殆。」（衛靈公）

「仁者愛人」，從「克己復禮」，增進個人品德，到治國安邦，讓人民過幸福的日子，都是仁；而讓人民過好日子可能更重要。所以子路和子貢從私德方面著眼質疑管仲能否算仁，但孔子從對天下和平安定的貢獻看，認為「如其仁！如其仁！」在本章的對話中，顏回說的是個人的品德，孔子說的則是人民的幸福。

子路果決、子貢通達、冉求多才，皆可以爲政

季康子問：「仲由可使從政也與？」子曰：「由也果，於從政乎何有？」曰：「賜也，可使從政也與？」曰：「賜也達，於從政乎何有？」曰：「求也，可使從政也與？」曰：「求也藝，於從政乎何有？」

——雍也6.7

季康子問：「仲由可以讓他從政嗎？」夫子說：「仲由處事果斷，從政有什麼問題？」又問：「賜可以讓他從政嗎？」夫子說：「賜智慧通達，從政有什麼問題？」再問：「求可以讓他從政嗎？」夫子說：「求多

才多藝，從政有什麼問題？」

季康子是魯哀公時代繼季桓子之後，執掌魯國國政的正卿。根據《史記．孔子世家》的記載，季桓子在逝世前巡視魯城，很感嘆地說：「以前這個國家差不多要興盛起來了，因為我得罪了孔子，所以未能興盛起來。」接著對他的兒子說：「我就要死了。我死了以後，你一定會做魯國之相。你做了國相後，一定要召喚孔子回來。」不過《左傳》沒有記載季桓子的這一番話。

季桓子就是當年接受齊國贈送美女和文馬，致使魯定公怠於政事，逼孔子出走的魯國權臣季孫斯，他似乎不像是會說出這段有良心的話的人。根據《左傳》的說法，魯哀公三年（公元前四九二年），季桓子在死前交待，如果他的妾南孺子生子為男，即告知國君立之；為女才讓庶子季孫肥，也就是季康子接任。季康子秉政後，召冉求返國，這時孔子六十歲，在陳國，冉求三十一歲。孔子知道冉求返國會受到重用，他說：

歸與！歸與！吾黨之小子狂簡，斐然成章，不知所以裁之。（公冶長）

回去罷，回去罷，我們這一夥的年輕人，意氣風發，學有所成，已經文采燦然，我不知還要怎樣加以修剪？

可知這個時候的孔子對冉求有很高的期許。冉求在孔門弟子中是很會做事的人，於政事科排名第一。第二名是子路。可惜他和子路都不能「以道事君，不可則止」（先進），達不到孔子所謂大臣的水準；冉求後來又幫季氏聚斂，更讓孔子生氣。

魯哀公十一年（公元前四八四年），齊軍伐魯，魯國兩路出兵禦敵，冉求帥左師，打敗齊國軍隊，令季康子刮目相看。在這次戰役中，樊遲擔任師兄冉求戰車的右衛，可能是我們讀《論語》時想不到的事。我們應都會記得：

樊遲請學稼。子曰：「吾不如老農。」請學為圃。曰：「吾不如老圃。」樊遲出。子曰：「小人哉，樊須也！上好禮，則民莫敢不敬；上好義，則民莫敢不服；上好信，則民莫敢不用情。夫如是，則四方之民襁負其子而至矣，焉用稼？」（子路）

這個故事也告訴我們，孔門弟子大致都是文武兼修的。當年和冉求一起或隨後返魯的除了樊遲外還有有若，他也曾出現在魯國的軍事活動之中；有若少孔子十三歲。季康子可能想不到冉求會帶兵打仗，問他是學來的呢還是天性就會？冉求說：「學之孔子。」可能季康子看到冉求的表現，也可能是冉求向季康子建議，這年冬天，魯國備齊了禮物，召請孔子返國。這年孔子已經六十八歲，距魯哀公三年季康子召冉求返國，已經過了八年。令人好奇的是，在孔子返魯之前，冉求已追隨季康子八年，而且子路隨孔子返魯後，也曾在季氏門下，季康子為什麼還向孔子打聽冉求和子路從政的資格呢？

另外一次，季康子問孔子子路和冉求算不算大臣，也許是經過和孔子的對話，季康子才延攬子路入府。不過子路在孔子任大司寇說服魯定公墮三都時，已經做過季氏宰了。

子路、子貢和冉求都是孔子門下會做事的能員。子路勇敢、果決，即知即行。

子曰：「片言可以折獄者，其由也與？」子路無宿諾。（顏淵）

子路有聞，未之能也，唯恐有聞。（公冶長）

子路答應的事立刻就做到，不會等到第二天。子路聽到好的道理就想做到，如果尚不能做到，就唯恐聽到新的道理。

子路同時也是一位坦蕩君子。孔子誇獎他：

子曰：「衣敝緼袍，與衣狐貉者立，而不恥者，其由也與？『不忮不求，何用不臧？』」子路終身誦之。子曰：「是道也，何足以臧？」（子罕）

「不忮不求，何用不臧」是《詩經》裡的句子，就是不去嫉妒人家，也不貪圖人家，還有什麼不好呢？子路聽了，終身誦讀。孔子說：「不過是做人的道理罷了，哪裡值得如此誇張呢？」

子路又是一個負責盡職的人，職責所在，甚至不珍惜自己的性命。當他在衛國任職的時候，聽說宮廷發生變亂，立刻慷慨赴義，知其不可為而為之，奮戰之後，從容就死。和後來一些一心只想著成聖的人相比，更為可敬。

孔子之所以為聖人，不是因為他想要成為聖人，而是因為他在行為上偉大的表現，讓人尊敬他為聖人。儒者的一個基本態度就是一切努力去做，盡自己的本分，而不是為了想得到什麼好處。

子曰：「不患無位，患所以立；不患莫己知，求為可知也。」（里仁）

不怕沒有那個位子，只怕沒有那個本事，不怕人家不知道我，要努力做到讓人家知道。

子貢利口巧辭、能言善辯。他在孔門「言語科」排名第二，在宰我之後。但孔子不喜歡伶牙利齒、口才便給的人。孔子說：「辭達而已矣。」（衛靈公）又說：「剛毅木訥，近仁。」（子路）又說：「君子欲訥於言，

而敏於行。」（里仁）

魯哀公八年（公元前四八七年），齊國出兵伐魯。魯國國運岌岌可危，流浪在外的孔子派出子貢，游說齊國不要攻打魯國，要對吳國開戰；又說服吳國救魯、北上爭霸，並勸越國出兵協助，解除吳國的後顧之憂；然後警告晉國早做準備。結果吳國打敗了齊國，卻為晉國所敗，越國乘機滅吳復仇，成就了霸業。司馬遷說：

故子貢一出，存魯，亂齊，破吳，彊晉而霸越。子貢一使，使勢相破，十年之中，五國各有變。（《史記．仲尼弟子列傳》）

這段歷史雖然大致是事實，不過其中子貢所扮演的角色，則多虛構與誇張。子貢在孔門弟子中是游走於政、商、學三界的成功人物，也是事實。所以孔子誇其通達。

冉求在《論語》中出現十七次，他給人的印象是行事幹練，為人體貼，態度穩健，也可說保守。他和子路、子貢一樣，也是常圍繞在孔子身邊的弟子，孔子不只一次誇他多才多藝。

子路問成人。子曰：「若臧武仲之知，公綽之不欲，卞莊子之勇，冉求之藝，文之以禮樂，亦可以為成人矣。」（顏淵）

魯定公十三年（公元前四九七年），孔子去魯赴衛，冉求為孔子駕車。魯哀公十一年，齊軍入侵，他為季康子策劃迎敵方略，有孫子之風。臨陣以樊遲為座車之右衛。

季孫曰：「須也弱。」有子曰：「就用命焉。」（《左傳》）

季孫說：「樊遲很弱。」冉求說：「雖然樊遲可能弱一點，但是會奮勇殺敵。」

須是樊遲之名，少孔子三十六歲，這年二十九歲；有子就是冉求，字子有，感覺冉求對這位師弟很提攜，也很照顧。

有一次，子路問孔子：「聞斯行諸？」孔子說：「有父兄在，如之何其聞斯行之？」冉有問同樣的問題。孔子說：「聞斯行之。」為什麼兩個人問同樣的問題，得到不同的答案。孔子說：「求也退，故進之；由也兼人，故退之。」（先進）

冉求曰：「非不說子之道，力不足也。」子曰：「力不足者，中道而廢；今女畫。」（雍也）

冉求自覺力有未逮，做不到老師教誨的理想。孔子責備他，你不是做不到，而是畫地自限。

看起來冉求隨孔子在魯時，已經名聲在外，所以季康子掌權後指名召他回國相助。孔子對他有所期待。然而他出仕後，不能不屈從於長官的意志，令孔子失望。言不聽，計不行，納履而去容易，像後來魏文侯時代的田子方，真要成就事功而又堅持理想，像晏嬰，何其困難。孔夫子的訓斥，有時候雖然很嚴厲，應亦會曲予諒解吧？

心中懷著遠大的理想才會不在意眼前的窮困

子曰：「賢哉！回也。一簞食，一瓢飲，在陋巷，人不堪其憂，回也不改其樂。賢哉！回也。」

——雍也 6.11

夫子說：「回真是一個賢人呀！吃的是一竹碗飯，喝的是一瓢水，住在窮人家的小巷子裡，一般人受不了這樣的窮困，可是回不改他的快樂。回真是一個賢人呀！」

本章以顏回為例，說明學而篇第十五章「貧而樂」的重要意義。顏回是孔子最喜愛的弟子，他努力學習，並將學習所得付諸實踐，以求成為一位君子，從中獲得長期的幸福。在追求人格完美的過程中，縱然物質生活困難，他也從不以為苦，因為心中有美好長遠的目標。這就好像一個在寫博士論文的研究生，他所經歷的一切困難都可以承受，有時候欣喜，最後成為愉快的懷念。

不幸在今天資本主義的社會中，人們忙碌追逐物質生活的滿足，以致失去很多重要的價值。由於物質世界邊際效用遞減的現象，人永遠無法從物質福利中獲得充分滿足。除了物質福利外，人生幸福還有其他來源。

博施濟衆是仁的極致

子貢曰：「如有博施於民，而能濟眾，何如？可謂仁乎？」子曰：「何事於仁，必也聖乎，堯舜其猶病諸。夫仁者，己欲立而立人，己欲達而達人。能近取譬，可謂仁之方也。」

——雍也6.30

子貢說：「如果有人廣泛給人民利益，又能幫助大家度過困難，這個人怎麼樣呢？可以說是仁者嗎？」夫子說：「何止是仁者，一定是聖人吧！恐怕堯舜也有做不到的地方。所謂仁者，自己想要立定腳跟，也想幫助別人立定腳跟；自己想要成就事功，也想幫助別人成就事功。能就近從自己想到別人，可說是行仁的方針了。」

仁在孔子的倫理系統中是最重要的項目。仁最根本的意義是愛人或關心別人，不過仁從起心動念到見諸行為，到產生效果，有各種不同程度之仁。我們的仁愛之心想要發揮到極致，讓眾多人受益，需要很多主、客觀條件的配合，不是自己發願就可以做到。

子張問仁，孔子說：「能行五者於天下者，為仁矣。」（陽貨）孔子所說的五者包括「恭、寬、信、敏、惠」。恭是恭敬，對人恭敬，人家就不至於對我們不客氣，因此不會受到侮辱。寬是寬大或寬厚，對人寬大厚道，人家就會願意和我們接近，因此得到群眾支持。信是做人有信用，說話算數，人家才會信任我們，把事情託付給我們。敏是勤快，做事勤快才會有所成就。惠是恩惠，也就是幫助別人，或給人家好處，人家受到恩惠才願聽我們使喚。

不過光是主觀條件仍然不夠，另外還需要客觀條件。這在孔子的時代就是取得政權，或得到政治領袖的任用，授之以權。因此孔子心中的典範是堯、舜、周公；管仲雖然有若干可議之處，但因為天下帶來和平、安定，也稱得上是一位仁者。以這個標準來看，孔子自己則未免留下遺憾。孔子周遊列國十四年，終於未能遇到一位明君用他，讓他施展抱負，實現理想。魯哀公十六年（公元前四七九年），孔子卒前，子貢去看他，孔子看到子貢很高興。他說：「賜，汝來何其晚也！」因歎，歌曰：「太山壞乎！梁柱摧乎！哲人萎乎！」又說：「天下無道久矣，莫能宗予！」（《史記．孔子世家》）「哲人」就是孔子自己；「莫能宗予」是說天下未能照他的話去做。

孔子充滿熱情，一心希望擴充愛心，造福百姓。我們如果把人生目標訂在成就一定的事功，則目標愈高，成功的機率愈低。然而我們如果把目標訂在自己的努力，努力學習，努力充實自己，提升自己的品德學養，則不論有沒有機會成就事功，目標都不會落空，人生都可以幸福。所以《論語》首章就說：「學而時習之，不亦說乎？」

在這裡孔子告訴子貢，「博施濟眾」是仁到達極致，進入聖的境界，堯、舜也有做不到的地方。仁就是將心比心，自己有的希望別人也有。我們只要就近從自己想到別人，推廣同情之心，就可以擴大行仁的範圍，提高行仁的效果，不管最後到達什麼程度。

豐盛人生的四個條件

子曰：「志於道，據於德，依於仁，游於藝。」

——述而7.6

夫子說：「立志追求理想的人生，站穩道德的立場，常保仁慈的情懷，游息於各種才藝之間。」

道是一個複雜的概念，不同的人使用在不同的語境中，有不同的意義。大致而言，道就是道路，有時表示一種理想，有時表示一種原則，有時表示一種思想體系。孔子一生栖栖皇皇、孜孜不倦追求的道，就是實現他理想人生的道路。

孔子的理想人生，在個人方面為養成完滿人格，包括高潔的品德、淵博的知識與通達的智慧；在社會方面為實施賢能政治，健全社會制度，包括以禮節制人的行為，以樂調和人的性情，讓每個人扮演好自己的社會角色，負起應負的責任，善盡應盡的義務，使社會達到和諧安定，人民可以過幸福的日子。人生如能做到這一層次，就超凡入聖進入聖人的境界。不過這一層次是很難達到的。

子貢曰：「如有博施於民，而能濟眾，何如？可謂仁乎？」子曰：「何事於仁，必也聖乎？堯舜其猶病諸！」（雍也）

孔子理想人生的境界，堯或舜尚且有做不到的地方，所以他提出「君子」的概念，君子的角色發揮到極致就成為聖人了。

子曰：「聖人，吾不得而見之矣；得見君子者，斯可矣。」（述而）

聖人我是見不到了，能夠見到君子也就可以了。

子路問怎樣才能成為君子。孔子在子路的三次提問中，提出君子的三種境界：「修己以敬」、「修己以安人」與「修己以安百姓」，並且接著說：「修己以安百姓，堯舜其猶病諸？」

「修己以敬」是以虔誠認真的態度不斷努力，讓自己完美；「修己以安人」是自己完美了以後，去幫助別人，讓別人可以過好日子；「修己以安百姓」是自己完美了以後，去幫助全天下老百姓，讓大家可以過好日子，這就和「博施於民，而能濟眾」一樣，進入聖人境界了。這三種境界可以進，可以止，可以退，為人生的理想提供了彈性的選擇，讓每個人可以適性發展，在不同的人生境界安身立命。

志於道是說人生應立志追求自己的理想，過有意義的人生。有意義的人生不一定要做大事，治國、平天下，「修己以安百姓」，在今天教育普及，經濟富裕的社會，更沒有需要，但應對社會有貢獻，做社會的資產，至少不成為社會的負債。

據於德是說人生在世的行為，必須遵守道德原則，不違背社會規範。個人聚居形成社會，人與人之間必須尊重、互惠，社會才能和諧安定，將人生的意義，從生物的境界提升到社會的境界。蔣介石有一幅對聯，最能顯示人生的生物意義和社會意義：「生命的意義在創造宇宙繼起的生命；生活的目的在增進人類全體的生活。」

人形成社會才能分工合作，提高生產力，創造文化，使人類的物質生活和精神生活日愈豐盛。

社會的凝聚需要倫理。倫理就是人與人相處的適當關係，與應遵守的一些原則和規範。倫理的實踐為道德，道德表現於行為之上為品德，具有品德之人為君子。

據於德是君子的表現，就是凡事想到別人，尊重別人的感受，不傷害別人的利益，在別人有需要的時候給予幫助。道德的行為看似一種付出，但最容易得到回饋，有助於個人在社會上的發展和事業上的成功，這就是所謂「吃虧就是占便宜」。不過不計較其功利的後果，只把道德的履行當作一種做人的義務，才是道德最高貴的價值。

倫理的產生基本上有兩種不同的學說。十七世紀英國的哲學家霍布斯（Thomas Hobbes）認為，「原荒時代」（the state of nature），人各為自己的生存與利益相爭，每個人都是別人的敵人，只有體力最強、智力最高的人，才能打敗別人，獲得戰利品，維持生存；然而不論如何小心謹慎、處處設防，仍難免為人所乘。這樣的人生真令人步步驚心，日夜難安。

任何有理性的人都會願意接受若干共同的原則，彼此節制各自的行為，建立和平與秩序。這時每個人的自由雖然都受到一定的限制，但每個人的安全都獲得更大的保障，每個人的生活也都得到更多的利益。這些共同的原則，也就是倫理，係經由自然理性（natural reason）而產生，霍布斯稱之為「自然律」（natural laws）。

霍布斯的倫理觀從人性自利出發。他認為自利是行為的驅動力，不過沒有節制的自利，並不符合個人最後的利益；自利必須有所節制，方更符合個人利益和社會全體的利益。因此他的主張可視為一種「開明自利」（enlightened self-interest）。

中國儒家思想則認為，倫理產生於人性「利他」的關懷，也就是仁。仁者愛人；依於仁是常懷推愛關懷之心。「仁者不憂」（子罕），所以「仁者壽」（雍也）。

司馬牛問君子，子曰：「君子不憂不懼。」曰：「不憂不懼，斯謂之

君子已乎？」子曰：「內省不疚，夫何憂何懼？」（顏淵）

常懷仁慈之人，心境寬廣快樂。依於仁是把倫理當作一種做人的義務或責任。我們如果把倫理當作一種利益來交換，則當換不到利益的時候，就會很容易被放棄，這正是當前資本主義功利社會的弊端；把倫理當作責任來實踐，成為一種君子的美德，才可以久遠。

子曰：「道之以政，齊之以刑，民免而無恥；道之以德，齊之以禮，有恥且格。」（為政）

藝一般指禮、樂、射、御、書、數六藝，不過將之解釋為更廣泛的各種才能與技藝，可能更為恰當。

大宰問於子貢曰：「夫子聖者與？何其多能也？」子貢曰：「固天縱之將聖，又多能也。」子聞之，曰：「大宰知我乎！吾少也賤，故多能鄙事。君子多乎哉？不多也。」（子罕）

牢曰：「子云，『吾不試，故藝』。」（子罕）

孔子自謙年輕的時候地位微賤，學會了很多不足稱道的本事。君子還怕本事多嗎？他的另外一位弟子牢則說：孔子因為未見用於世，所以會很多才藝。

在孔子的時代，技術與經濟停滯，社會重視和諧與安定，因此對倫理的要求多於對知識與才藝的要求。

子曰：「弟子入則孝，出則弟，謹而信，汎愛眾，而親仁；行有餘力，則以學文。」（學而）

才藝之學於閒暇休息的時候習之，所以說遊於藝。十九世紀以英譯四書五經聞名於世的英國漢學家理雅各，將這一句譯為：「遊息與享樂於各種才藝之中。」（Let relaxation and enjoyment be found in the polite arts.）

這一章是孔子告訴年輕人，什麼是有意義的人生或豐盛的人生——努力追求自己的理想，站穩道德立場，常保仁慈情懷，休閒時多學各種才藝。這也是孔子自己一生的實踐吧？

財富雖好，但我心中另有嚮往

子曰：「富而可求也，雖執鞭之士，吾亦為之。如不可求，從吾所好。」

——述而7.12

夫子說：「財富如果追求就可以得到，即是做一個拿鞭子的差役，我也去做。如果不是追求就可以得到，還是去做我喜歡的事吧。」

本章包括兩個看似矛盾的觀念，對於了解孔子思想很重要。第一是孔子並非像一般人所相信，認為財富不重要，事實上在孔子的心目中，財富仍然是重要的。第二是孔子雖然認為財富重要，但他並不建議人追求財富，他只鼓勵大家做一個才德兼備的君子。這就是為什麼孔子選擇放棄追求財富，而去追求他所喜歡的東西，例如品德、學問、寫作、服務公職，甚至休閒。這一選擇在現代社會的重要意義，就是如果我們不是那麼看重財富，政府就不會那麼貪腐，企業就不會有那麼多醜聞。

很多人可能沒有想到，節制追求財富的熱忱，符合傳統停滯社會的技術條件。技術水準如果不提高，熱心追求財富並不能使社會的總產值增加，只會引起人和人之間的利益衝突和求之不得的焦慮。只有在技術不斷進步的情形下，追求個人的利益才會如亞當・史密斯所說，同時達成社會全體的利益。

所以在孔子的時代和他以後的戰國時期，我們只看到各國紛紛訴諸武力，拓展土地，以增加總產值，很少看到他們鼓勵國人追求財富，發展經濟，以提高人均所得。

孔子聞〈韶〉：音樂的社會功能

子在齊聞韶，三月不知肉味。曰：「不圖為樂之至於斯也。」

——述而7.13

夫子在齊國，聽了〈韶〉樂，有三月之久，不知道肉的味道。夫子說：「想不到製作音樂可以到達這樣的境界！。」

孔子在齊國的時候聽了〈韶〉樂，陶醉在美好的旋律和感受之中，三個月不知肉的味道。聽了和聽到不同，聽了有完整聽完的意思，聽到則可能只是偶然聽到，而且只聽了一部分。不知肉味是因為沉迷在音樂之中，以至於沒有在意，甚至忘記吃下去的美食究竟是什麼滋味。三月則是形容很長一段時間，非必一定是三個月。

這個故事在司馬遷筆下，有比較完整的情節：

孔子適齊……與齊太師語樂，聞〈韶〉音，學之，三月不知肉味，齊人稱之。（《史記．孔子世家》）

孔子到了齊國，和齊國負責音樂的人談論音樂，聽到〈韶〉樂，加以學習，因為專心甚至入迷，而且需要一點時間，因此三個月吃不出肉的味道。

這個故事發生在魯昭公二十五年（公元前五一七年），昭公利用屬下季平子和郈昭伯之間的矛盾，率師攻打季平子。不料季平子聯合孟孫氏和叔孫氏，也就是魯國的三家權臣，所謂「三桓」，反而打敗了昭公。昭公逃到齊國，魯亂。孔子這時候是平民，不需要隨昭公逃亡。我們沒有證據說孔子想到齊國另謀發展，不過孔子說「危邦不入，亂邦不居」，如果他是想在齊國求發展，也應是合理的選擇。可惜他在齊國受到大臣排斥，沒有得到發展機會。

〈韶〉是舜時候的音樂。唐堯、虞舜時代在孔子心目中是古之治世，而堯和舜是古之明君，是孔子心嚮往之的榜樣。也許有幾分是孔子塑造出來的榜樣，以垂範後世，就像司馬遷將孔子塑造為自己心目中的典範。

子謂〈韶〉，「盡美矣，又盡善也。」謂〈武〉，「盡美矣，未盡善也。」（八佾）

〈武〉是周武王時代的音樂。舜和周武王都是孔子心目中的明君、聖主。儒家所說中華文化的道統，從堯、舜、禹、湯、文、武、周公到孔子。然而舜是以禪讓得天下，又將天下禪讓給禹，政權和平移轉，周武王則是以武力取得天下，生靈塗炭。所以〈韶〉樂盡美盡善，〈武〉樂則只是盡美，未能達到盡善。

由於音樂能抒發人民情感，反映人民內心感受，所以音樂造詣深厚的人，可以從一個地方的音樂想像其風俗民情，預測其國運盛衰。例如吳王餘祭四年（公元前五四四年）：

> 吳使季札聘於魯，請觀周樂。為歌〈周南〉、〈召南〉。曰：「美哉！始基之矣，猶未也，然勤而不怨。」歌〈邶〉、〈鄘〉、〈衛〉，曰：「美哉，淵乎，憂而不困者也。吾聞衛康叔、武公之德如是，是其衛風乎？」歌〈王〉。曰：「美哉，思而不懼，其周之東乎？」歌〈鄭〉。曰：「其細已甚，民不堪也，是其先亡乎？」歌〈齊〉。曰：「美哉！泱泱乎大風也

哉！表東海者，其太公乎？國未可量也。」……（《史記・吳太伯世家》）

現在只簡單說一下〈周南〉、〈召南〉和〈齊〉，以見其餘。〈周南〉和〈召南〉的歌詞，就是今天《詩經・國風》的第一部分和第二部分。周為后稷之後，其國在大禹平洪水分天下為九州的雍州境內，岐山之陽，在今陝西省咸陽西方、寶雞東方的岐山縣。周文王時擴展國土，徙都於豐，在今西安與咸陽之間，而將岐周故地分封為周公旦和召公奭的采邑，岐山縣至今有召公鎮。周公旦是文王之子。召公奭在《史記・燕召公世家》的介紹，是「與周同姓，姓姬氏」。三民書局出版的《新譯史記》，注譯者韓兆琦教授在注釋中說：「召公可能是文王的庶子。」季札從此地的音樂中感受到文王時代西周的規模初具。「三分天下而有其二焉。」雖然尚未竟全功，但百姓「勤而不怨。」〈齊〉即今天《詩經》中的〈齊風〉。武王滅商後，封太公望呂尚，也就是姜太公於齊，後來因為「管、蔡作亂，淮夷畔周」，又賦予太公「東至海，西至河，南至穆陵，北至無棣，五侯九伯，實得征之」的大權。太公將齊發展為東方大國。季札從〈齊〉樂中聽出泱泱大國之風，將來國勢未可限量。通曉音樂以至於斯，真令人難以置信。

不過當時具有這樣音樂能力的人，似乎所在多有。

子擊磬於衛。有荷蕢而過孔氏之門者，曰：「有心哉！擊磬乎？」既而曰：「鄙哉！硜硜乎！莫己知也。斯已而已矣。深則厲，淺則揭。」子曰：「果哉！末之難也。」（憲問）

磬是一種用石材做成的樂器，掛在木架上，敲擊發聲。一位背著草筐子的路人經過孔子門前，聽到孔子擊磬，居然從單調的磬聲中，聽出擊磬者是一位滿懷心事的有心之人。不過聽了一會又說：「真沒見識。磬聲固執，不知自己有多大本事。今天的社會已經是完了就是完了。為人應識時務，水深的地方就要穿著衣服過去；水淺的地方可以撩起衣服過去。」孔子聽了說：「果然如此。不關心也難呀！」這就是孔子一貫對人生的態度。

孔子周遊列國前後十四個年頭，曾經五次進入衛國。這個故事應該是發生在前面一、兩次，介於公元前四九七至四九五年之間。這時候孔子對自己的理想還滿懷憧憬。等到他於公元前四八八年最後一次回到衛國，大致已經心灰意冷，只等待機會回魯國了。又有一次，

楚狂接輿歌而過孔子，曰：「鳳兮！鳳兮！何德之衰！往者不可諫，來者猶可追。已而，已而！今之從政者殆而！」孔子下，欲與之言。趨而辟之，不得與之言。（微子）

這次應該是發生在公元前四八八年，孔子經歷了絕糧之困，自蔡到城父去見楚昭王，接輿是楚國佯狂的隱者。鳳是鳥中的聖者，天下有道則見，無道則隱。接輿唱著歌，經過孔子的車子，忠告孔子，為什麼天下無道而不知歸隱呢？又說：「如今天下已經完了，沒有希望了，今之從政者都很危險了。」孔子下車想和他說話，不過接輿快步離去，未能說上話。

在儒家思想中，理想的政府以禮樂治國。禮導引人民的行為，使之中正；樂調節人民的心情，使之平和。《禮記．樂記》說：

禮節民心，樂和民聲。政以行之，刑以防之。禮樂刑政四達而不悖，則王道備。

廣義的禮包括政和刑，所以禮、樂、征、伐是國之大事，在古代為天子的職掌。《禮記．樂記》又說：

樂由中出，禮自外作。樂由中出，故靜，禮自外作，故文。大樂必易，大禮必簡。樂至則無怨，禮至則不爭。揖讓而治天下者，禮樂之謂也。暴民不作，諸侯賓服，兵革不試，五刑不用，百姓無患，天子不怒，如此則樂達矣。合父子之親，明長幼之序，以敬四海之內，天子如此，則禮行矣。

這段文字譯成今天的話，就是說樂發自內心，禮來自外部。樂發自內心所以平和，禮來自外部，所以有各種規矩。大樂必定平易，大禮必定簡約。樂的功能發揮到極致，人民就沒有怨恨，禮的功能發揮到極致，人民就沒有爭執。所謂揖讓而治天下者，就是指禮樂而言。社會沒有暴民，諸侯心悅誠服，不需要興兵作戰，也不需要動用刑罰，百姓沒有憂患，天子不必發怒，這樣就達到樂的目的了。調和父子之間的親情，分辨長幼之間的順序，四海之內互相尊敬，天子能做到這樣，禮的作用就普及了。

孔子於魯哀公十一年（公元前四八四年），年六十八歲，回到魯國，整理詩、書、禮、樂典籍，他將詩三千餘篇刪為三百零五篇，「皆弦歌之」。也以詩、書、禮、樂施教。孔子說：

吾自衛反魯，然後樂正，雅頌各得其所。（子罕）

可惜六經中的《樂》經遺失無傳。

孔子不但是偉大的思想家和教育家，也是偉大的音樂家。他愛好音樂，喜歡各種樂器，師徒在一起，弦歌不絕，令後人嚮往。他喜歡唱歌，又是一位富有同情心、充滿熱情，而又真誠的人。

子與人歌而善，必使反之，而後和之。（述而）

子食於有喪者之側，未嘗飽也。（述而）

子於是日哭，則不歌。（述而）

他晚年遭遇喪子之痛，接著愛徒顏淵病逝，子路死於衛。孔子生了病，子貢來看他。孔子曰：

賜，汝來何其晚也！因歎，歌曰：「太山壞乎！梁木摧乎！哲人萎乎！」因以涕下。謂子貢曰：「天下無道久矣，莫能宗予……」後七日而卒。（《史記．孔子世家》）

「莫能宗予」是說未能照他的主張去做。他至死熱愛著這個「無道久矣」的人世，用歌聲詠歎出他的遺憾，何嘗不也是世人的遺憾呢？

求仁得仁，道德本身就是人生的目標

冉有曰：「夫子為衛君乎？」子貢曰：「諾，吾將問之。」入，曰：「伯夷、叔齊何人也？」曰：「古之賢人也。」曰：「怨乎？」曰：「求仁而得仁，又何怨？」出，曰：「夫子不為也。」

——述而 7.14

冉有說：「我們老師會幫衛國的國君嗎？」子貢說：「好，我會問問看。」子貢進去見孔子，說：「伯夷、叔齊是什麼樣的人呢？」孔子說：「是古時候的賢人呀！」子貢說：「他們有怨嗎？」孔子說：「他們求的是仁，也已經得到仁，有什麼可怨呢？」子貢出來說：「老師是不會幫助衛君的。」

這裡所說的衛君，應是衛靈公之孫出公輒。衛靈公三十九年（公元前四九六年），太子蒯聵欲殺靈公夫人南子，不成功，逃亡至宋，後來又到了晉。衛靈公於公元前四九三年去世，衛立蒯聵之子輒為君，就是衛出公。蒯聵在晉人支持下，回到衛國戚邑，但未能有所進展。直到衛出公十二年（公元前四八一年），才找到機會，勾結他的姊姊孔圉子夫人，劫持自己的外甥，衛國當權的大夫孔悝，罷黜出公。出公出走到魯國。蒯聵繼承自己的兒子即位，是為衛莊公。

這裡出現一個問題。公元前四九三年是孔子非常忙碌的一年。這年孔子從陳國回到衛國，想要西行到晉國尋找發展機會。走到黃河邊，聽說晉國發生變亂，趙簡子殺死助他取得政權的賢大夫竇鳴犢和舜華，孔子覺得趙簡子是不義之人，不宜投靠。回到衛國，又和衛靈公話不投機，於是重回陳國。這年夏天，衛靈公去世，出公即位。

第二年秋天，魯國當政的季桓子病逝，他的兒子季康子繼立，召冉有返魯。所以孔子後來雖然又回到衛國，並且在衛國度過流亡在外最後的五年，但是冉有應該沒有機會和子貢一起討論孔子會不會幫助衛君的問題。一個可能是靈公去世，出公即位之初，孔子尚未離開衛國；這段對話就發生在此一短暫時期。孔子既然不想幫助衛出公，捲入這場父子權位之爭，所以離開衛國是很好的選擇。

伯夷、叔齊是孤竹君的長子和第三個兒子。孤竹君想要立叔齊為君。孤竹君死後，叔齊讓伯夷，伯夷不肯接受，兩個人一起逃走，國人遂立中子。伯夷和叔齊聽說西伯姬昌對老年人有妥善的安養計畫，想去投奔。快要到的時候，西伯去世，他的兒子武王姬發出兵伐紂，伯夷、叔齊攔住馬頭勸阻說：「父親死了不安葬就動刀兵，可以說是孝嗎？臣下誅殺君王可以說是仁嗎？」武王滅商後，伯夷、叔齊以做周朝的臣民為恥，嚴守原則，不吃周朝的糧食，隱居在首陽山，採集野菜為食，終於餓死在首陽山。

伯夷、叔齊在《論語》中出現四次，在《孟子》中出現六次，都是表彰他們的高風亮節。孤竹是古代國名，大致在今河北東北部靠近遼寧的盧龍，此處再向東就是秦皇島市。孤竹其實就在渤海之濱，從孤竹循渤海西岸而北，進入遼東灣，應可算是北海了，但不是後來蘇武牧羊的北海。

伯夷、叔齊聽說西伯善養老，遠道投奔，需要穿過今之河北，進入今之河南，不遠處就是商紂時代的首都朝歌，今天的淇縣。當然伯夷、叔齊也可以不走河南，穿過山西進入陝西，到今天西安市附近的周都，不論走哪條路線，真是路途遙遠，萬里跋涉。武王第一次興兵伐紂，會諸侯於孟津而歸，距西伯去世已經九年；第二次伐紂則是兩年以後。

《史記・伯夷列傳》是一篇短文，敘事部分只有大約三分之一，議論部分倒有三分之二。司馬遷在他感人的議論中主要提出兩個問題，一是孔子說伯夷、叔齊「求仁得仁，又何怨？」然而我們讀伯夷、叔齊死前所作的歌辭，分明是有怨的。另外一個是都說好人有好報，為什麼像伯夷、叔齊這樣的好人會餓死？顏回是孔子最稱贊的弟子，為什麼孔子說「回也，其庶乎！屢空。」盜蹠是個壞蛋，濫殺無辜還吃人肉，卻能得到善終？

伯夷、叔齊的歌很淒美：

登彼西山兮，采其薇矣。以暴易暴兮，不知其非矣。神農、虞、夏忽焉沒兮，我安適歸矣？于嗟徂兮，命之衰矣！

神農、虞堯、夏禹的明君盛世，一下子就過去了，天下還有什麼地方適合我歸去呢？嗚呼！我現在就要死了，算是我的命運很衰吧！

作者一連用了四個「矣」字，真是極一切之無可奈何！不過這一切都是伯夷、叔齊自己的選擇，只要他們走下山去，周武王一定會加以禮遇，壞命就變成好命了。有什麼好感嘆的呢？這首歌可能是後人聽了這個故事感動，為了紀念這兩位堅持節操的兄弟所作。

所以孔子說：「不降其志，不辱其身，伯夷、叔齊與！」（微子）孟子把伯夷當作聖之清者。孟子說：

伯夷，非其君不事，非其友不友。不立於惡人之朝，不與惡人言。……是故諸侯雖有善其辭命而至者，不受也。不受也者，是亦不屑就已。（《孟子．公孫丑》）

又說：

伯夷，目不視惡色，耳不聽惡聲。非其君不事，非其民不使。治則進，亂則退。橫政之所出，橫民之所止，不忍居也。……當紂之時，居北海之濱，以待天下之清也。故聞伯夷之風者，頑夫廉，懦夫有立志。（《孟子．萬章》）

道德、節操、財富、名聲和地位，都是人生追求的終極目的，也就是人生的固有價值，儒家賦予道德、節操較高的地位。所以孟子說：「魚我所欲也，熊掌亦我所欲也，二者不可得兼，舍魚而取熊掌者也。生，亦我所欲也；義，亦我所欲也，二者不可得兼，舍生而取義者也。」（《孟子．告子》）

人做對的事不是為了回報，行善也不是因為會有善報，然而社會應有好的誘因制度或獎懲制度，形成好的文化，使善有善報、惡有惡報，讓人間有公道，人心得到安慰，醞釀惇厚的風俗，達到社會的和諧安定。道德節操是人心的選擇，誘因制度是社會的設計。社會設計和人心對倫理的選擇一致，才是國家長治久安之道。

東漢的賢士范滂遭黨錮之禍，自行投案。他的兒子來送行。范滂對兒子說：「吾欲使汝為惡，則惡不可為；使汝為善，則我不為惡。」路人聞之，莫不流涕。這年他只有三十三歲。東漢不久也天下大亂。今之為政者知道這個道理嗎？他們的施政會考慮這些根本問題嗎？

伯夷、叔齊互相推辭國君之位，雙雙出走，寧願餓死在首陽山，孔子稱許他們為「古之賢人也」，又說他們「求仁得仁」。他怎麼會幫助衛出公對抗他流亡在外的父親返國和他爭奪權位呢？何況衛出公當年只是一個孩子，他的背後有一定的政治勢力和既得利益，而蒯聵背後則是晉國的勢力。

不義而富且貴，於我如浮雲

子曰：「飯疏食，飲水，曲肱而枕之，樂亦在其中矣。不義而富且貴，於我如浮雲。」

——述而 7.16

夫子說：「吃的是粗飯，喝的是白水，彎起手臂當枕頭，其中也自有樂趣。用不正當的手段取得財富和高位，對我來說就像天上的浮雲一樣，不放在心上。」

雖然物質生活貧乏，仍然感到快樂，是因為人生還有其他重要的價值。什麼是「價值」？價值是人生追求的「終極目的」，這些目的的達成或價值的實現，就是人生幸福的來源。

義、富、貴都是人生想達到的目的，或想實現的價值。義代表的是倫理價值，富代表的是經濟價值，貴指社會地位、權力和榮耀，代表社會價值。基本上，人生幸福來自以上三種價值，假設人生的幸福總值為H（happiness），倫理價值（ethical value）為Et，經濟價值（economic value）為Ec，社會價值（social value）為S，則$H=F(Et, Ec, S)$。

這個方程式最簡單的形式可寫成$H=a\,Et + b\,Ec + cS$, $a+ b+ c=1$。不同的人賦予a,b,c不同的權數，代表不同的價值觀或人生觀。社會以制度形塑其共同的價值觀，引導個別的人生。大致而言，產生於兩千多年前傳統停滯時期中國的儒家思想，賦予倫理價值較大的重要性，亦即$a>b,c$；產生於工業革命以後現代成長時期的西方資本主義思想，賦予經濟價值和社會價值較大的重要性，即$a<b,c$。

如今現代西方資本主義思想通過所謂現代化與全球化，幾已成為普世價值。這種價值觀的優點，在過去兩百多年已有充分展示，例如經濟富裕及個人權利的保障與自由的伸張。不過其缺點也漸漸顯現，例如生態破壞，物種滅絕，資源耗竭，地球暖化，所得與財富分配不均惡化，經濟機制也愈鼓勵企業界追求利潤而非創造價值與就業。這讓我們想到司馬遷說過的話：「嗟乎！利誠亂之始也。夫子罕言利者，常防其原也。」故曰：「放利而行，多怨。」（《史記・孟子荀卿列傳》）我們能不審慎對待嗎？

忠、孝、友愛，不求人知，可謂至德矣

子曰：「泰伯其可謂至德也已矣！三以天下讓，民無得而稱焉。」

——泰伯8.1

夫子說：「泰伯的品德可以說到達頂點了。三次辭讓可以君臨天下的地位，然而人民無從得知，因而也未加稱贊。」

泰伯是古公亶父第一個兒子，在別的文獻中都稱太伯。本章是有關周王朝興起一段關鍵性的情節。

周是后稷的後裔，姓姬氏。古公亶父有三個兒子，長子是太伯，次子是虞仲，少子是季歷。季歷的兒子昌，有祥瑞徵兆。古公認為姬氏家族的興盛就要靠昌了，有意傳位給小兒子季歷，再由季歷傳給昌。後來周武王姬發滅紂而有天下，追尊他的父親昌為文王，祖父季歷為王季，曾祖父古公為太王。

按照《史記・周本紀》和《史記・吳太伯世家》的說法，太伯和虞仲知道父親想要立季歷以傳昌。然而當時的傳統是立長，所以雙雙逃亡到東方蠻荒之地，落腳於現在蘇州一帶，並且依照當地風俗斷髮紋身，以示與中原隔絕；後來以蘇州為根據地建立吳國。

不過對照《詩經・魯頌・閟宮》和《左傳・僖公五年》的記載，我們知道古公有滅商之意，但太伯不遵從父親的想法，所以古公不傳位給他。《詩》曰：「后稷之孫，實維大王，居岐之陽，實始翦商。」周於古公亶父時，從公劉時期所居的豳，約為今陝西旬邑縣，南遷至岐山之南，約為今陝西岐山縣，在今西安市之西。

《左傳．僖公五年》提到，晉獻公要求借道虞國以伐虢國，虞國大夫宮之奇勸阻虞公時，有下面一段話：「大伯、虞仲，大王之昭也，大伯不從，是以不嗣。」意思是說，太伯和虞仲本來是古公的繼承人，因為太伯不從古公的主張，所以不傳位給他們。從這裡看起來，古公想傳位給小兒子季歷，不僅是因為昌有祥瑞之兆，並且因為大兒子太伯和他的政見不和，不能繼承他的遺志。不論如何，太伯和虞仲決定離家出走，讓三弟可以順利繼位，以成就父親的願望。

孔子在本章說太伯的品德達到了頂點，是根據兩個重要理由：一是「太伯三以天下讓」。孔子顯然未接受上述《左傳》宮之奇的說法。周王朝在古公亶父時代，最多只能說規模初具，要經過季歷，到姬昌為西伯，即西方諸侯之長，「三分天下有其二」，才能說有天子氣象。所以這裡所說「三以天下讓」的天下，應只是指古公統治所及的地方而言。至於三次相讓，古公既然想要立季歷以傳昌，則太伯可能並無正式辭讓的機會，只能說他用行為表達了堅決退讓的心意，讓父親可以安心傳位給小兒子，不一定是真的三次相讓。

太伯「三以天下讓」的故事，猶如伯夷、叔齊兄弟相讓；太伯不同意古公滅商，猶如伯夷、叔齊攔住周武王姬發的馬頭，勸阻他不可伐紂；太伯和虞仲從岐山逃亡到遙遠東方的吳地，猶如伯夷、叔齊從遠在今河北東北的孤竹，長途跋涉，來到武王起兵伐紂，與天下八百諸侯相會的孟津。

這兩個故事都表彰兒子對父親的孝，兄弟之間的友愛辭讓，以及臣民對君主的忠；孝和忠正是儒家最重視，也是最根本的倫理。

有子曰：「其為人也孝弟，而好犯上者，鮮矣；不好犯上而好作亂者，未之有也。君子務本，本立而道生。孝弟也者，其為仁之本與！」（學而）

有若這段話，為太伯、虞仲和伯夷、叔齊的品德，做了最好的詮釋。也許我們可以說，太伯、虞仲和伯夷、叔齊的故事，是儒家倫理思想的兩個樣板。

不過我們如果進一步加以比較就會發現，太伯、虞仲比伯夷、叔齊更勝一籌，這是孔子稱讚太伯的品德到了頂點的第二個理由。因為太伯、虞仲為善不欲人知，也不讓父親知道，寧願放棄一切原本可以得到的地位和福利，做出最大犧牲，遠走他鄉，斷髮紋身，斷絕一切可以回頭的希望，為的是讓古公可以傳位給季歷，無所顧慮。

儒家主張做對的事，不但不是為了得到世俗報償，也不是為了讓別人稱贊。但社會不應不予以報償和稱贊則是另一回事。所以孔子說：「君子疾沒世而名不稱焉。」（衛靈公）又說：「齊景公有馬千駟，死之日，民無德而稱焉。伯夷、叔齊餓於首陽之下，民到於今稱之。」（季氏）

有個故事說，美國有個小女孩寫信給一位有名的專欄作家。她說：我的弟弟不好好做功課，又調皮搗蛋惹麻煩，可是媽媽卻常對他稱贊和給他糖果；我功課好，又幫忙做家事，不讓媽媽操心，可是媽媽從來不給我獎賞。這是什麼道理？這位專欄作家不知如何答覆，很長一段時間未能回信。有次他參加朋友的婚禮，聽到新娘問牧師，婚戒為什麼戴在左手手指，而不戴在右手手指？牧師說：「因為你的右手已經很漂亮了，不需要再加妝飾。」作家當下恍然大悟。立刻寫信給小女孩說：「因為妳已經很完美了，不需要再加獎賞。」美德本身就是人生追求的價值，何需別人稱贊和獎賞呢？

儒家主張父慈、子孝、兄友、弟恭。對於君臣之間的關係，孔子說：「君使臣以禮，臣事君以忠。」（八佾）如果君主無禮呢？孔子大概會選擇離開，而不會效愚忠，賠上自己的性命，但也不會走上弒君或推翻政權的另一個極端。孔子說：「所謂大臣者，以道事君，不可則止。」又說：

「弒父與君，亦不從也。」（先進）他是一位選擇中庸，不走極端的聖者。

那麼對於湯伐桀，武王伐紂，儒家的倫理觀應如何看待呢？在這方面，孔子和孟子不同。孔子雖然崇尚周文化，一心想要重建周初美好的禮制，並且佩服文、武、周公的為人，但他未說過稱贊武王伐紂的話，反而稱贊文王，「三分天下有其二，以服事殷，周之德，其可謂至德也已矣。」（泰伯）最後八個字與對泰伯的稱贊完全一樣。伯夷、叔齊的歌辭說：「以暴易暴兮，不知其非矣！」一個朝代想滅掉前面一個朝代，一定先加以醜化，才能彰顯自己行為道德上的正當性。紂雖然是公認的暴君，然而子貢說：

紂之不善，不如是之甚也。是以君子惡居下流，天下之惡皆歸焉。（子張）

孟子就不同了。齊宣王問孟子說：

「湯放桀，武王伐紂，有諸？」孟子對曰：「於傳有之。」曰：「臣弒其君可乎？」曰：「賊仁者謂之賊，賊義者謂之殘，殘賊之人謂之一夫。聞誅一夫紂矣，未聞弒君也。」（《孟子・梁惠王》）

傷害仁的人叫做賊，傷害義的人叫做殘，又賊又殘的人叫做獨夫。獨夫就是壞事做盡了，以致眾叛親離，只剩下自己一個人。這樣的人已經失去做國君的資格。所以孟子說：只聽說殺掉一個獨夫，沒聽說弒君。孟子說得真好。

雖有珍貴的品德，仍需以禮節制

子曰：「恭而無禮則勞，慎而無禮則葸，勇而無禮則亂，直而無禮則絞。君子篤於親，則民興於仁；故舊不遺，則民不偷。」

——泰伯 8.2

夫子說：「恭敬但不知禮，就會勞累；謹慎但不知禮，就會怯弱；勇敢但不知禮，會導致混亂；爽直但不知禮，會流於急切。在上位的人以厚實的情感對待家人，民俗自然趨於仁厚；珍惜過去所交往的親朋舊友，民情自然不會刻薄。」

禮節制人的行為，使其符合一定規範，以和諧人與人相處的關係，提升社會效率，達成社會安定。

有子曰：「禮之用，和為貴。先王之道斯為美，小大由之。有所不行，知和而和，不以禮節之，亦不可行也。」（學而）

這段話的意思是說，禮的最可貴之處，就是促進人際關係和諧。過去的君王治國之道，這一點最為美好；大小事都依禮而行。有些事行不通，只為了和諧而和諧，不以禮加以節制，也是不可行的。

本章告訴我們，恭敬、謹慎、勇敢和直爽雖然是珍貴的品格，唯如無所節制，也各有弊端。節制的規範就是禮。恭敬讓人產生好感，對交友和做事都有幫助，但過分恭敬就會引起勞累。謹慎小心與考慮周詳，可以避免錯誤、增加勝算，但過分謹慎就會顯得膽怯、懦弱。勇敢是好事，但是過分勇敢容易闖禍、導致混亂。爽直也是好事，但是過分爽直也會惹事生非、製造麻煩。所以凡事都要有所節制，做到恰到好處，這就是儒家的中庸之道。

禮的設計基本上依據倫理。什麼是倫理？倫理就是人與人之間應維持的適當關係。怎樣算是適當關係？適當關係就是社會分子的情感和利益長期平衡的關係；只有構成社會的個人，其情感和利益，包括經濟利益和社會利益，在長期中得到平衡，人與人才能和諧相處，互助合作，經營共同生活，社會才能安定進步。

儒家認為，支配人與人之間這種適當關係主要的因素就是仁。什麼是仁？仁是一種寬廣的愛心，從家人一直到所有的人，甚至及於宇宙萬物。子罕言利、與命與仁。（子罕）孔子未說這種寬廣的愛心從何而來。一個可能的解釋是同理心（empathy）和同情心（sympathy）的發揮。孔子說：「己所不欲，勿施於人。」（顏淵、衛靈公）又說：「己欲立而立人，己欲達而達人。」（雍也）這都是同理心的表現。

「子釣而不綱，弋不射宿。」（述而）孔子的同情心澤及魚和鳥，為牠們保留生機，也不在牠們鬆懈無備的時候傷害牠們。孟子從「孺子將入於井」人們的驚恐表現，看到人性本善。他認為仁、義、禮、智都是人天性所固有。朱子則為這種固有的天性提供形上學的說明。

朱子認為，宇宙萬物包括人在內，都是從理開始發生。理與氣結合成形而為物。理是形而上的，無形無影；物是形而下的，有形有狀。理只是善，氣則有清有濁；理與氣結合使人善良的天性隱而不顯。總天地萬物之理就是太極，太極到達極致便是無極。太極不僅是宇宙全體之理，也同時存在於各類事物的每一個體之中。所以天地中有太極，萬物中也各有太極。由於理只是善，所以人的天性為善；由於萬物中各有太極，所以人與宇宙萬物聯結為一體，人的仁愛之心也及於萬物。朱子說：「仁者以天地萬物為一體，莫非己也。」

技術進步，經濟成長，引起社會變遷。社會結構改變，人際關係與倫理隨之改變，禮亦應有所改變。司馬遷說：

洋洋美德乎！宰制萬物，役使群眾，豈人力也哉？余至大行禮官，觀三代損益，乃知緣人情而制禮，依人性而作儀，其所由來尚矣。（《史記．禮書》）

緣人情而制禮，是制禮最應注意的原則，也是三代的實踐。社會變動而禮制僵化，使原本引導人的行為至於中和的美好設計，成為縛束人性發展的桎梏，真是歷史的悲哀，也是由於人的無知，以致自食其果。

本章後半段和上半段並無必然連繫。朱子雖亦有此評論，但仍將其合為一章。君子篤於親的「親」，通常指父母，但對照下文「故舊」不遺，可能解釋為家人更為妥當。這是說在上位的人對待自己的家人情感誠篤真實，老百姓受到感召，社會風俗就會趨於仁厚。

孔子對曰：「……君子之德風，小人之德草，草上之風，必偃。」（顏淵）

有子曰：「其為人也孝弟，而好犯上者，鮮矣；不好犯上，而好作亂者，未之有也。君子務本，本立而道生。孝弟也者，其為仁之本與。」（學而）

有子就是有若，少孔子十三歲；他在《論語》中出現的次數不多，但所說的話都很重要。有次他對魯哀公說：「百姓足，君孰與不足？百姓不足，君孰與足？」（顏淵）換成今天的話，就是美國故總統雷根在競選時所說的：「笨蛋，問題在經濟。」經濟發達，所得增加，還怕沒地方收稅嗎？

在上位的人不因為自己的身分地位高，或者有錢有勢，就忘記當年一起，現在也許窮途潦倒的故舊之交，老百姓也會受到感染，使人情溫暖，不致流於澆薄。

這段話所說的雖然是篤於親和故舊不遺的政治效應，卻也是儒家所重視最根本的美德。

孔子少談的主題：利、命、仁

子罕言利、與命、與仁。

——子罕9.1

孔子很少談論利、命與仁。

司馬遷在《史記．孟子荀卿列傳》中說：

余讀孟子書，至梁惠王問「何以利吾國」，未嘗不廢書而嘆也。曰：

嗟乎，利誠亂之始也！夫子罕言利者，常防其原也。故曰：「放於利而行，多怨」。自天子至於庶人，好利之弊，何以異哉！

孟子和梁惠王的這段對話，大家大致都耳熟能詳：

孟子見梁惠王。王曰：「叟不遠千里而來，亦將有以利吾國乎？」孟子對曰：「王何必曰利？亦有仁義而已矣。王曰何以利吾國，大夫曰何以利吾家，士庶人曰何以利吾身，上下交征利而國危矣。萬乘之國弒其君者，必千乘之家；千乘之國弒其君者，必百乘之家。萬取千焉，千取百焉，不為不多矣。苟為後義而先利，不奪不饜。」（《孟子．梁惠王》

在另外一次對話中，孟子說：

地方百里而可以王。王如施仁政於民，省刑罰，薄稅斂，深耕易耨。壯者以暇日修其孝悌忠信，入以事其父兄，出以事其長上，可使制梃以撻秦楚之堅甲利兵矣。（《孟子．梁惠王》）

義和利都是人生追求的終極目的，也就是固有價值。利不僅指物質利益，即所得與財富，也包含社會利益，例如地位和名聲。人需要一點物質才能生存發展，也需要被社會接受與肯定，才會覺得人生有意義，值得努力。義屬於倫理的範疇，表示對他人利益的關懷、尊重和維護。利雖然重要，但是我們如果過分重視利益，強調利益，違背義的原則，則不但不能為別人接受，也會引起衝突，以致失去利益。如果整個社會的文化是孜孜為利，以致破壞社會秩序，動搖社會和諧、安定與有效運作的基礎，則大家的利益都無法得到。

《易》曰：「利者義之和。」利是做了很多正當的事才得到的結果。

所以孔子很少談論利，不是認為利不重要，而是因為利在每個人心中已經很重要了，不宜多加強調。

梁惠王就是魏惠王，他是韓、魏、趙三家分晉後的第三代君主，僭稱為王。魏國在魏文侯和魏武侯時期都很強大。魏文侯曾師事孔子弟子子夏學習經藝。他善於任用賢能，身邊的師友有段干木、田子方等高士。有一天，公子子擊，就是後來的魏武侯，在路上遇見田子方，子擊下車行禮，田子方卻沒有還禮。

子擊怒，曰：「富貴者驕人乎？貧賤者驕人乎？」子方曰：「亦貧賤者驕人耳！富貴者安敢驕人！國君而驕人，則失其國；大夫而驕人則失其家。失其國者未聞有以國待之者也，失其家者未聞有以家待之者也。夫士貧賤者，言不用，行不合，則納履而去耳，安往而不得貧賤哉！」子擊乃謝之。（《資治通鑑．周紀一》）

魏文侯知吳起善用兵，以為西河守，以拒秦、韓。武侯有一次：

浮西河而下，中流，顧而謂吳起曰：「美哉乎！河山之固也，此魏國之寶也。」起對曰：「在德不在險。……若君不修德，舟中之人盡為敵國也。」武侯曰：「善！」（《史記・孫子吳起列傳》）

到了魏惠王時，「東敗於齊，長子死焉；西喪地於秦七百里；南辱於楚。」魏惠王一直打敗仗。因為西敗於秦，失去少梁，今陝西韓城市和合陽縣之間，徙都大梁，今河南開封，稱梁惠王。所以他見了孟子，亟欲請教國家富強之道，然而孟子只告訴他儒家的標準答案——施仁政可以百里而王。可惜梁惠王聽不進去。

孟子的義利之辨對後世儒者有很大影響，讓許多人以為追求利會傷害義，甚至心裡想著利也有失為聖為賢之道。朱熹對子弟經商只給予維持衣食無虞最低限度的認可；這也是朱子「存天理，滅人欲」的原則。王陽明說：「雖治生亦是講學中事，但不可以之為首務，徒啟營利之心。」明代棄儒入賈的儒商，講求「義中取利、以義制利」。儒者的心願是「計利當計天下利」，而不是計較自己的利益。

不過，利和義並非兩個必然衝突的目標。事實上，工業革命帶領世界經濟進入現代經濟成長，正是以個人追求自利、創造經濟價值，作為推動經濟進步的主要動因。亞當・史密斯說，自利既然是人性中不可改變的一部分，明智的做法就是利用個人誘因（personal incentive）來建造一個更富有的社會。在資本主義經濟成長的過程中，個人為了追求自利從事生產，創造增加的經濟價值，從中取一部分作為自己的利潤。所以個人的利益來自其對社會的貢獻，個人利益和社會利益其實是一致的。

過去兩千多年，儒家思想重視社會全體的利益而非個人的利益，並未能促進中國的持續進步，晚近兩百多年，西方資本主義強調自利，反而推動了世界經濟的持續成長，不是因為傳統中國不重視自利、現代西方主張自利，而是因為科學研究與技術開發帶來持續不斷的技術進步，使勞動生產力不斷提高，社會的總產值和人均產值不斷增加。

亞當·史密斯在《道德情操論》中說，人的自利之心雖然強烈，但常受「理性、原則、良心、胸中的常駐者、即內心那個人，也就是我們行為的偉大審判者和仲裁者的節制。」他在《國富論》（*An Inquiry into the Nature and Causes of the Wealth of Nations*）中則認為，市場上的公平競爭會防止個人在追求自己的利益時，傷害到他人的利益。然而不論在傳統的停滯經濟之下，或在現代的成長經濟之下，如果我們把利放在義的前面，傷害的事就會一直發生，社會不宜對利加以強調，永遠是我們應牢記的原則。

「利」字在《論語》中出現十次，其中六次指利益，「命」出現二十一次，其中十次指命運。人的命決定於自身的遺傳、生命歷程中客觀的條件和主觀因應與調適的能力，這種能力又有一定成分受限於先天因素，甚至學習的能力和意志，也不是全憑自己的決心和努力就可以決定。雖然我們不願承認，至少不願說出來，人的確有智愚之別，但每個人真的是不一樣的。歷史上誠然有人憑自己的意志和努力改變了客觀條件，完成自己的心願。但這只是非常少數，而且縱然成就了非凡的事功，仍不能逃避自己的大限。

伯牛有疾，子問之，自牖執其手曰：「亡之！命矣夫？斯人也，而有斯疾也！斯人也，而有斯疾也！」（雍也）

子曰：「不知命，無以為君子也。不知禮，無以立也。不知言，無以知人也。」（堯曰）

人生受太多因素支配，難以預測，所以孔子很少談命。「回也其庶乎？」

老天爺偏偏叫他貧窮；「賜也不受命而貨殖焉」，老天爺偏偏給他聰明，讓他「億則屢中」。我們只有在有限的條件下，努力學習，增益智慧和能力，做審慎的選擇，充分發揮生命，過有意義的一生。

「仁」在《論語》中出現一百零九次，其中一百零五次屬於倫理的項目。仁是孔子思想中最核心的價值，在《論語》中說了很多次，難謂罕言。孔子對仁有各種不同解釋，他說：仁者「愛人」（顏淵）又說：「仁遠乎哉？我欲仁，斯仁至矣。」（述而）又說：「一日克己復禮，天下歸仁焉。」（顏淵）仁看起來似乎很容易，然而孔子心目中最想達到的仁，則是成就事功，讓天下老百姓得到照顧，過幸福的日子。所以當子貢問到，「如能博施於民，而能濟眾，何如？可謂仁乎？」他說「何事於仁，必也聖乎？堯舜其猶病諸！」（雍也）對於個人品德上有瑕疵，然而事功上有成就的管仲，他說：「如其仁，如其仁。」（憲問）但是說到自己的弟子：

孟武伯問：「子路仁乎？」子曰：「不知也。」又問。子曰：「由也，千乘之國，可使治其賦也，不知其仁也。」「求也何如？」子曰：「求也，千室之邑，百乘之家，可使為之宰也，不知其仁也。」「赤也何如？」曰：「赤也，束帶立於朝，可使與賓客言也，不知其仁也。」（公治長）

子曰：「回也，其心三月不違仁，其餘則日月至焉而已矣。」（雍也）

所以我們只能說，孔子雖然常常談論仁，但是對行仁有很高的期許，不輕易以仁許人。

既竭吾才，欲罷不能：學習的路上

顏淵喟然歎曰：「仰之彌高，鑽之彌堅，瞻之在前，忽焉在後。夫子循循然善誘人，博我以文，約我以禮；欲罷不能。既竭吾才，如有所立，卓爾，雖欲從之，末由也已。」

——子罕 9.10

顏淵歎一口氣說：「夫子的思想博大精深，我愈是仰望，愈覺得高不可及，愈是鑽研，愈覺得堅不可入；看起來似乎在前面，忽然發現又在後面。夫子循序漸進善於誘導弟子。他以淵博的知識開拓我的心智，以禮節約束我的行為，我想停止追求卻停不下來。等到我的才力用盡，前方似乎有一座高聳的標竿，我雖想追隨，但已經力不從心。」

顏回字子淵，是孔子最得意的弟子。回與淵在《論語》中共出現二十一次，其中最多的次數，是孔子對他的稱贊。從這些記載中我們可以看出：第一，顏回是一個絕頂聰明的人，孔子的話一聽就懂，心領神會。所以他默默跟在孔子身邊，不像子路和子貢提出很多問題。

子曰：「吾與回言終日，不違如愚。退而省其私，亦足以發。回也，不愚。」（為政）

我和顏回談論整天，他從來不違背我的意思，我說什麼他都相信，像愚笨一樣。等他退下去，觀察他私下的表現，發現也能有所發揮。顏回並不愚笨。

子曰：「回也，非助我者也。於吾言，無所不說。」（先進）

孔子說：「顏回不是能幫助我的人。對我所說的話，沒有不喜歡的地方。」

學生對老師沒有質疑問難，老師就缺少檢討、自省的動機，也失去更深入體察與進一步發揮的機會。師生之間互相砥礪，對學問的進步很有幫助。所以好老師不但要講解得好，還要誘導學生提出問題，讓老師和學生一起討論，把學問提升到更高的境界。

子謂子貢曰：「女與回孰愈？」對曰：「賜也何敢望回？回也聞一以知十，賜也聞一以知二。」子曰：「弗如也，吾與女弗如也！」（公冶長）

子貢是很聰明又很自負的人，可是當孔子問起他和顏回哪一個更優秀，他竟然說顏回比他優秀，而且說，顏回聽到一件事就能知道十件，而他只能知道兩件。更令人驚訝地是，孔子竟然說：「我們兩個都不如他呀！」可見顏回真的是極端聰明。這樣聰明的人是不世出的。

第二，他是一個非常用功的人。孔子說：

「語之而不惰者，其回也與？」（子罕）

告訴他話從來不怠惰者，那個人就是顏回吧？

又說：

「惜乎，吾見其進也，未見其止也。」（子罕）

可惜呀！我只見他前進，未見他停下來。

顏回如此努力不懈而又家貧，營養和居住的環境不良，可能與他不幸早逝有一定關係吧？

第三，他是一個在知識和品德上都有很高造詣的人。孔子說：「回也其庶乎？」就是說：「差不多了吧？」從西漢末年的大儒揚雄，到唐代的李翺，到宋儒都認為他的成就已經接近孔子，只差那麼一間或一息了。

> 哀公問孔子：「弟子孰為好學？」孔子對曰：「有顏回者好學，不遷怒，不貳過；不幸短命死矣！今也則亡，未聞好學者也。」（雍也）

季康子問同樣的問題，孔子也說：「有顏回者好學，不幸短命死矣！今也則亡。」（先進）顏回死後，居然別無好學的弟子。可見顏回在孔子心目中的地位多麼重要。

《論語》中的「學」，包括知識之學和品德之學。所以孔子說到「有顏回者好學」，才會接著說：「不遷怒，不貳過。」不把怒氣轉移到無辜的第三者身上，同樣的錯誤不犯第二次。孔子也特別稱贊顏回的品德。孔子說：「賢哉，回也！一簞食，一瓢飲，在陋巷，人不堪其憂，回也不改其樂。賢哉，回也！」（雍也）又說：「回也三月不違仁，其餘則日月至焉而已矣。」（雍也）顏回因為心懷遠大的理想，這個理想就是孔子念茲在茲的仁，就算只吃一竹碗飯，喝一瓢水，身居陋巷之中，也不以為苦。

在孔子心目中，學問道德和他接近又和他心意相通的弟子，「孔步亦步，孔趨亦趨」，只有顏回一人。

子謂顏淵曰：「用之則行，舍之則藏，唯我與爾有是夫！」（述而）

國君見用的時候，就出來施展抱負，不用的時候，就隱藏起來。只有我和你有這樣的襟懷吧！

孔子如此看重顏回，一定對他有很多期許，顏回一死，一切希望落空，所以孔子哭得很傷心。《論語》記載：顏淵死。子曰：「噫，天喪予！天喪予！」（先進）天要亡我了！天要亡我了！顏淵死，子哭之慟。從者曰：「子慟矣！」曰：「有慟乎？非夫人之為慟而誰為？」（先進）不為這樣的人傷心，要為什麼人傷心呢？

可是按照本章顏回自己的說法，我們只能看出他的用功和努力，看不出他的聰明和造詣。一方面因為顏回「不伐善」的美德，不誇張自己的能力和成就；另一方面也因為他和孔子還有三十歲的功力差距，仰望大師感覺自己渺小。《莊子．田子方》有一段話用在這裡很妥切：

> 夫子步亦步，夫子趨亦趨，夫子馳亦馳，夫子奔逸絕塵而回瞠若乎後矣。

顏回和孔子之間的問答，在《論語》中只有四次，其中顏回主動提出問題只有兩次，一次「問為邦」，一次「問仁」：

顏淵問為邦。子曰：「行夏之時，乘殷之輅，服周之冕，樂則韶、舞；放鄭聲，遠佞人。鄭聲淫，佞人殆。」（衛靈公）

用夏代的曆法，坐商代的木車，戴周代的冠冕，音樂就用虞舜的《韶》和舞；禁絕鄭國的樂曲，遠離說好聽的話、阿諛諂媚的小人。鄭國的樂曲淫邪，諂媚的小人危險。

顏淵問仁。子曰：「克己復禮為仁。一日克己復禮，天下歸仁焉。為仁由己，而由人乎哉？」顏淵曰：「請問其目。」子曰：「非禮勿視，非禮勿聽，非禮勿言，非禮勿動。」顏淵曰：「回雖不敏，請事

斯語矣。」（顏淵）

克制自己，依禮而行就是仁。有一天大家克制自己依禮而行，仁就普及於天下了。至於克己復禮的實踐就要：「於禮不合的事不看，於禮不合的事不聽，於禮不合的事不說，於禮不合的事不做。」

問治國為政之道與問仁是普通的問題，孔門弟子中很多人都問過，孔子給每個人不同的答案。這裡我們看不出顏回提出的問題和孔子給他的答覆，有什麼特別之處。然而宋儒卻認為只有顏回之才，孔子才會告訴他這樣的為邦之道；以及「克己復禮」與「非禮勿視、非禮勿聽、非禮勿言、非禮勿動」為孔門心法，唯有顏回得聞，拳拳服膺，得以進於聖人。

顏回到宋代大致確定為儒家孔子之下第一人的地位。至南宋時曾參、子思和孟子在他之後合為四配，配享於文廟。宋代大儒周敦頤、程頤、程灝、張載和朱熹也於南宋列入從祀。

顏回的地位提高，去聖人只差一息，只因「不幸短命死矣」，所以未能成聖，對於宋代以來的儒家有兩點重大的影響。第一，使儒者的中心志業從先秦儒家經國濟民、關注社會安定進步的淑世思想，轉而向格致誠正、重視個人進德修業的方向傾斜。第二，以為依禮而行就是成聖之道，忽略了仁是人的關愛之心是不變的。禮是社會的制度，而社會緣情制禮，隨社會結構改變而調整。司馬遷說：

洋洋美德乎！宰制萬物，役使群眾，豈人力也哉？余至大行禮官，觀三代損益，乃知緣人情而制禮，依人性而作儀；其所由來尚矣。（《史記・禮書》）

孔子說：「人而不仁如禮何？人而不仁如樂何？」（八佾）以禮代替仁，以致重視形式，忽視實質；而當禮制僵化不變時，成為個人理想發展的桎梏。不思檢討對儒家思想的認識，反而指責禮教吃人，要打倒孔家店，真是太遺憾了。

歲月如逝水，不舍晝夜

子在川上，曰：「逝者如斯夫！不舍晝夜。」

——子罕 9.16

孔子站在河邊，說：「逝去的時光像河水這樣呀！日夜不停的流失。」

東晉大書法家王羲之在他的〈蘭亭集序〉中，於描述了他和朋友們的「蘭亭」雅集後，很感慨地寫下這一段話：

夫人之相與，俯仰一世，或取諸懷抱，晤言一室之內，或因寄所託，放浪形骸之外。雖取舍萬殊，靜躁不同，當其欣於所遇，暫得於己，快然自足，不知老之將至；及其所之既倦，情隨事遷，感慨系之矣！向之所欣，俛仰之間，已為陳迹，猶不能不以之興懷，況修短隨化，終期於盡，古人云「死生亦大矣！」豈不痛哉！每覽昔人興感之由，若合一契，未嘗不臨文嗟悼，不能喻之於懷。固知一死生為虛誕，齊彭殤為妄作；後之視今，亦猶今之視昔。悲夫！

造物者賦給我們生命，並要我們貪戀生命，卻又無情奪去。王羲之說出了自古以來，所有人對生命的感嘆。曹丕在他的〈典論論文〉中說：「蓋文章經國之大業，不朽之盛事。年壽有時而盡，榮樂止乎其身，二者必至之常期，未若文章之無窮。」又說：「日月逝於上，體貌衰於下，忽然與萬物遷化，斯志士之大痛也！」「修短隨化，終期於盡。」「忽然與萬物遷化。」不論壽命長或者壽命短，最後終於都一樣，忽然之間隨著萬物的變遷就消失了。這樣的感慨，聖人也不免吧！

本章中孔子站在河岸看河水流逝、一秒鐘也不停留，感嘆歲月如飛而去，就像這河水一樣，然而他的理想，還看不出有實現的可能。這一感傷的場景，是在他周遊列國後期衛國的淇水嗎？還是在已經回到故鄉的洙水、泗水或沂水呢？夫子之道雖然在他有生之年未能實現，然而兩千多年以來流傳於世，被視為中華文化的瑰寶，現在又成為拯救世界的希望。

蘇東坡四十九歲時從九江登廬山，夜宿東林寺，有一首詩，前兩句是：「溪聲盡是廣長舌，山色無非清淨身。」東坡寫的是佛陀的佛法和法身無所不在，孔子也和佛陀一樣，而且孔子的思想可能更為普及。

我們如此看重自己的存在，可是在造物者的設計中，個體的存在只是群體生命延續的手段。一個一個的個體消失，但群體依然存在；一代一代的群體消失，新一代的群體相繼而生。一切消失的都不足惜，因為他們成就了繼起的生命，這就是造物者冷酷的大愛嗎？

蘇東坡的〈前赤壁賦〉中，一位友人看到「月明星稀，烏鵲南飛」，想起當年赤壁之戰的曹操：

方其破荊州，下江陵，順流而東也，舳艫千里，旌旗蔽空，釃酒臨江，橫槊賦詩，固一世之雄也，而今安在哉？

於是「哀吾生之須臾，羨長江之無窮。」東坡安慰他說：「客亦知夫水與月乎？逝者如斯，而未嘗往也；盈虛者如彼，而卒莫消長也。」

以長江來說，雖然江水不斷東流，但大江依然存在；以月亮來說，雖然月有圓缺，但仍然是完整的月亮。可是現在的江水已經不是原來的江水了。友人感慨的是個體生命消失的悲哀，東坡安慰他的是群體的生命仍然存在。

照佛家說法，世間一切現象皆依緣而生，依緣而滅；我們的身心也依緣而生，依緣而滅。有一天長江、月亮和我們世世代代所居住的這個地球，也終將依緣而滅。但是眼前我們還是要努力，活出我們這一代的光輝，留下對後世子孫的貢獻。

少小不努力，老大徒傷悲

子曰：「後生可畏，焉知來者之不如今也？四十、五十而無聞，斯矣不足畏也已！」

——子罕 9.22

夫子說：「年輕人是值得敬畏的，怎麼知道後來的人不如今天的人呢？等到四、五十歲仍然默默無聞，那就沒有什麼可敬畏的了！」

下一代人比上一代人優秀，社會才會進步，我們的未來才有希望。所以每個國家都重視年輕人的教育，希望下一代比上一代強。老師看學生，心智成熟、學問和事功有成就的人，看尚在學習階段的年輕人，也許會覺得他們知識淺薄，見解和能力不夠，然而他們充滿發展的潛力，未來的前途不可限量，怎不令人心生敬畏，而對他們抱著無限期待呢？

所以前面的人要帶領後面的人；父母和老師要教導和照顧子女和學生，為人長官和在上位的人，要愛護部屬和子民，提攜他們，給他們發展的機會。每一代人都會消失，而下一代人會繼起，猶如樹上的果子落了，而果子裡的種子掉進土裡，長出新果樹，生生不息。這是大自然的安排，所有生物都一樣。然而人與其他萬物不同，人可以累積知識和經驗，經過傳承與教育，讓知識和技能不斷精進，創造更豐盛的文化，增進人類全體的幸福。

人還有一項不同於其他萬物之處，就是人性具有個人主義（individualism），人各有自己的意志，在群體生活中發揮自己的潛能，追求自己生命的意義。人聚集而居，組成社會，理想的社會讓其組成分子各自發揮自身能力，推動社會進步。蜜蜂和螞蟻雖有嚴密的社會組織，但是缺少個人主義，所以從古時候到現在沒有進步。一九七四年諾貝爾經濟學獎得主海耶克（Friedrich A. von Hayek）說，共產主義缺乏讓個人充分發揮才能的機制，所以不會有進步。

造化讓每個人有自己的意志，所以每個人要為自己的學習負責任。年輕時承載著社會的期許，如果到了三、四十歲，四、五十歲，仍然不能在學問上或事功上有所成就、揚名顯親，父母的期待就一步一步落空，成為很多父母的悲哀。

在《論語》的這一章裡，孔子鼓勵年輕人努力學習。每個年輕人都有一定的成功機率，但最後成功的只能是一部分，而且成功的標準愈高，成功的百分比就愈低。

孔子的教育理念主要是「有教無類」和「誨人不倦」。孔子說：「自行束脩以上，吾未嘗無誨焉。」（述而）只要略備薄禮以示敬師之意，無不加以教誨。又說：「有教無類。」（衛靈公）孔子施教不分貴賤，也不區分社會階層，總之就是不歧視。

孔子說：「默而識之，學而不厭，誨人不倦，何有與我哉？」（述而）又說：「若聖與仁，則吾豈敢。抑為之不厭，誨人不倦，則可謂云爾已矣！」（述而）然而孔子卻「因材施教」。他說：「中人以上，可以語上也；中人以下，不可以語上也。」（雍也）資質在中等以上的學生才可以教他們高深的學問；中等資質以下的學生，不可以教他們高深的學說。又說：「不憤不啟，不悱不發，舉一隅不以三隅反，則不復也。」（述而）孔子重視學習的動機，鼓勵自動自發。學生不發憤就不加以開導；自己未經努力，就不加以啟發。對於那些反應遲鈍的學生，告訴他一個角落，不能聯想到其他三個角落，就不再教導他們了。

然而我們不能不承認，人不是生而平等的。每個人得自父母、祖先基因的稟賦不同，來到這個世界以後的社會經濟地位又不同，以致縱然教育的機會平等，學習的成果也不會都一樣。個人的努力有一定成效，但所有頂尖的成就，絕不是只靠努力就可以做到，何況努力的意志在一定程度上，也不是全由自己決定。只是人生「失之東隅，收之桑榆」，就算在某一個領域失敗，也要記得還有其他領域可以成功。

我們有幸生活在科技進步，經濟成長，工商業發達，就業選擇增加，人生出路無數的現代成長時代。讓我們心存善念，努力工作，不問是不是成名，只問是不是對社會做出貢獻，在積極生活中各自尋求自己的幸福。

人生難料，天命難測：顏回與子貢

子曰：「回也其庶乎！屢空。賜不受命而貨殖焉，億則屢中。」

——先進 11.18

夫子說：「顏回的道德學問差不多了吧！卻屢屢匱乏；子貢不接受天命的召喚，去做生意，預測市場行情卻屢屢說中。」

顏回、子貢和子路是孔子最喜愛的弟子。顏回少孔子三十歲，子貢少孔子三十一歲，子路少孔子九歲。他們圍繞在老師身邊，聽老師講學、論道，陪老師周遊列國，又跟著老師回去魯國，專心做學問，應該帶給孔子不少寬慰和喜樂吧？

他們的資質不同、個性不同、志趣不同，學習的領悟和到達的境界也不同。子路和子貢常受到老師責備，但孔子對顏回從來只有稱許。唯有一次——子謂顏淵曰：「惜乎！吾見其進也，未見其止也。」（子罕）孔子看到自己的弟子如此用功，力求上進，不知停下來稍作休息，言辭之間充滿疼惜。顏回的感受則是：

顏淵喟然歎曰：「仰之彌高，鑽之彌堅，瞻之在前，忽焉在後。夫子循循然善誘人。博我以文，約我以禮。欲罷不能，既竭吾才，如有所立，卓爾；雖欲從之，末由也已。」（子罕）

有一次，孔子問子貢：

子謂子貢曰：「女與回也孰愈？」對曰：「賜也，何敢望回！回也，聞一以知十；賜也，聞一以知二。」子曰：「弗如也，吾與女弗如也。」（公治長）

子貢說，顏回聞一知十，自己只有聞一知二。可是孔子說過：「舉一隅不以三隅反，則不復也。」（述而）子貢至少聞一知三；子貢真是太謙虛了。

顏回天資穎悟，聰慧過人。孔子說的話，他聽過就了然於心，拳拳服膺，從來不用質疑問難。

子曰：「吾與回言終日，不違如愚。退而省其私，亦足以發。回也，不愚。」（為政）

子曰：「回也，非助我者也，於吾言，無所不說。」（先進）

魯哀公問哪位弟子好學？孔子對曰：「有顏回者好學，不遷怒，不貳過。不幸短命死矣。今也則亡，未聞好學者也。」（雍也）說起弟子們的人品，子曰：「回也，其心三月不違仁，其餘則日月至焉而已矣。」（雍也）

顏回應是最能傳承孔子理念的人，所以當他在四十一歲的英年去世時，孔子十分感傷：

顏淵死，子曰：「噫！天喪予！天喪予！」（先進）

孔子聽到顏淵去世，說「哎呀，天要亡我了，天要亡我了！」

顏淵死，子哭之慟。從者曰：「子慟矣！」曰：「有慟乎？非夫人之

為慟而誰為！」（先進）

孔子對顏淵過世哭得很傷心。他說：「不為這樣的人傷心，還要為什麼樣的人傷心呢？」

後世儒者對顏回有很高的評價，認為孔門弟子唯有他得孔夫子之真傳，有成聖的潛力。唐代李翱在〈復性書〉中引孔子的話：「回也，其庶乎，屢空。」認為「其所以未到於聖人者一息耳，非力不能也，短命而死故也。」北宋程頤認為，顏回所學，就是「學以至聖人之道也。」他認為聖人「不思而得，不勉而中」；顏子則必思而後得，必勉而後中。其與聖人相去一息，「所未至者，守之也，非化之也。以其好學之心，假之以年，則不日而化矣。」南宋朱熹也認為，「聖門之中，得其傳者惟顏子。」於是顏回問仁，孔子答覆他「克己復禮」，以及自述夫子「博我以文，約我以禮」，乃成為宋儒尋聖人之跡的門徑。不過孔子從來沒有認為

自己是聖人。子曰：「若聖與仁，則吾豈敢？抑為之不厭，誨人不倦，則可謂云爾已矣。」（述而）

孔子也不是「不思而得，不勉而中。」子曰：「我非生而知之者，好古，敏以求之者也。」（述而）子曰：「吾嘗終日不食，終夜不寢，以思，無益，不如學也。」（衛靈公）

子貢在個人修養和學術思想方面，可能沒有顏回的造詣。然而他頭腦靈活，能言善道，經營商業有術，「家累千金」，而又交遊廣闊，對闡揚孔子思想和維護孔子聲譽，不遺餘力。司馬遷在《史記．貨殖列傳》中說：「夫使孔子名布揚於天下者，子貢先後之也。」

> 叔孫武叔語大夫於朝曰：「子貢賢於仲尼。」子服景伯以告子貢。子貢曰：「譬之宮牆，賜之牆也及肩，窺見室家之好，夫子之牆數仞，不得其門而入，不見宗廟之美、百官之富，得其門者或寡矣，夫子之

云，不亦宜乎？」（子張）

子貢自謂其牆到肩膀，外面的人可以看到家室之中的美好。孔子的牆有好幾丈，不得其門而入，看不見牆裡面的美好與豐富。

叔孫武叔毀仲尼。子貢曰：「無以為也，仲尼不可毀也。他人之賢者，丘陵也，猶可踰也；仲尼，日月也，無得而踰焉。人雖欲自絕，其何傷於日月乎？多見其不知量也。」（子張）

別人的品德與才幹像丘陵，可以跨越，孔子的品德和才幹如日月，是無法跨越的。有些人雖然想自絕於日月之光輝，但對日月能有什麼傷害呢？徒然顯現自己的無知和不自量力而已。

孔子在本章評論他的兩位愛徒顏回和子貢。顏回的品德和學問已經差不多了，然而生活困頓，衣食不周。子貢不接受天命的召喚出仕，造福萬民，卻去做生意，偏偏又有這方面的天才。按照孔子「君子修己以敬，修己以安人，修己以安百姓」的理想，不能不感到遺憾。

因為孔子處於技術與經濟停滯的時代，希望第一流人才進入政府，為國家做事，促進全民的福祉。如果換成今天技術與經濟成長的時代，棄儒從商，為社會創造經濟價值，提供就業機會，也許對社會更有直接的貢獻。朱子在《四書章句集注》中評論道：「言子貢不如顏子之安貧樂道，然其才識之明，亦能料事而多中也。」孔子對子貢不接受天命召喚，從政以安百姓，而去做生意，可能覺得有些遺憾，不過我們從文字中看不出有表示子貢不如顏回安貧樂道的意思；何況樂道何需一定安貧呢？

萬紫千紅總是春：聽孔門弟子各抒心願

子路、曾皙、冉有、公西華侍坐。子曰：「以吾一日長乎爾，毋吾以也！居則曰：『不吾知也！』如或知爾，則何以哉？」

子路率爾而對曰：「千乘之國，攝乎大國之間，加之以師旅，因之以饑饉；由也為之，比及三年，可使有勇，且知方也。」夫子哂之。

「求，爾何知？」對曰：「方六七十，如五六十，求也為之，比及三年，可使足民。如其禮樂，以俟君子。」

「赤，爾何如？」對曰：「非曰能之，願學焉。宗廟之事，如會同，端章甫，願為小相焉。」

「點，爾何如？」鼓瑟希，鏗爾，舍瑟而作，對曰：「異乎三子者之撰。」子曰：「何傷乎？亦各言其志也！」曰：「莫春者，春服既成，冠者五六人，童子六七人，浴乎沂，風乎舞雩，詠而歸。」

夫子喟然歎曰：「吾與點也！」

三子者出，曾皙後。曾皙曰：「夫三子者之言何如？」子曰：「亦各言其志也已矣！」曰：「夫子何哂由也？」曰：「為國以禮，其言不讓，是故哂之。」

「唯求則非邦也與？」「安見方六七十如五六十而非邦也者？」

「唯赤則非邦也與？」「宗廟會同，非諸侯而何？赤也為之小，孰能為之大？」

——**先進 11.26**

子路、曾皙、冉有、公西華陪侍夫子而坐。夫子說：「你們不要因

為我年紀比你們大幾歲（就不敢講話），你們私下常說：『沒有人知道我呀！』如果有人知道你了（要加以重用），你要怎麼做呢？」

子路不加思索搶著回答說：「一個有戰車千輛的國家、夾在大國之間，外有大軍壓境，內部食用不足，如果讓我來做，不到三年，可使人民勇敢，並且知道為何而戰。」夫子笑而不言。

「求，你怎麼樣呢？」冉有回答說：「一個長寬六、七十里或五六十里的國家，如果讓我來做，不到三年，可使人民富足。至於這個國家的禮制和音樂，則要等待賢能的君子。」

「赤，你怎麼樣呢？」公西華回答說：「不是說能做到，但願意學習。在宗廟祭祀的儀式，與諸侯會面覲見的典慶，我希望穿起『立端』的禮服，戴上『章甫』的禮帽，扮演一個小相的角色。」

「點，你怎樣呢？」曾皙的瑟聲轉稀，然後鏗然而止，放下瑟、起立，回答說：「和三位所說的不一樣。」

夫子說：「有什麼關係呢，不過是各人談談自己的志向而已。」

曾皙說：「春季到了最後，春天的衣服已經做成了，成年的五、六個人，未成年的六、七個人，大家一起到沂水洗澡，到雩台上吹風，然後唱著歌回家。」孔子嘆了一口氣說：「我贊成曾點的想法。」

前面三個人出去了，曾皙留在後面，曾皙說：「他們三個人的說法怎麼樣？」夫子說：「也不過各人說一說自己的志向罷了。」

曾皙說：「老師為什麼要笑由呢？」夫子說：「國家要以禮治理。由說話不知退讓，所以笑他。」

「那求所說的不是邦國嗎？」夫子說：「怎見得長寬六、七十里與五、六十里不是邦國呢？」

曾皙說：「那赤所說的不是邦國嗎？」夫子說：「宗廟之中的祭祀和諸侯的會面與覲見，不是邦國之事是什麼呢？如果赤想扮演的是小相，那麼誰扮演的能算大相呢？」

這段對話是《論語》中少見的一章長篇。在本章中和孔子對話的四位弟子，照司馬遷《史記．仲尼弟子列傳》的記載，子路少孔子九歲，冉有少孔子二十九歲，公西華少孔子四十二歲，未提到曾晳的年紀。不過這裡面的四個人是按年紀排序，曾晳在子路之後、冉有之前，可見應少孔子十歲到二十八歲之間。又曾晳是曾參的父親，而曾參少孔子四十六歲，假定曾晳二十歲生曾參，則他應少孔子二十六歲，不過看他說出來的志向，不是那麼積極進取，年紀應會大一點，向子路接近，也許只少孔子十幾歲。

這段故事若說發生在孔子晚年自衛歸魯之後，則子路和冉有都已經追隨季康子任職，冉有更是早已成為季康子手下的要員，幫他打敗齊軍，不會抱怨「沒有人知道我。」若說發生在孔子出仕之前，則孔子最多五十歲，公西華只有八歲，不可能陪坐在旁，表現出那樣的談吐。可能的解釋是書中公西華的年齡錯了。但不應是司馬遷錯，因為他在〈仲尼弟子列傳〉中接著就說：「子華使齊，冉有為其母請粟。」（雍也）這應是孔子擔任魯國大司寇時的事，所以公西華在這場聚會中不會是八歲的童子。

這段故事的重要意思是說，孔子是一位真性情的人，他不是有些人想像的整天板起臉說教的老夫子。他愛好音樂，對音樂有很高的鑑賞力。「子在齊，聞〈韶〉，三月不知肉味。曰：『不圖為樂之至於斯也！』」（述而）「子謂〈韶〉，『盡美矣，又盡善也』。謂〈武〉『盡美矣，未盡善也。』」（八佾）孔子也喜歡唱歌。「子與人歌而善，必使反之，而後和之。」（述而）他又是一位非常有同情心的人。「子食於喪者之側，未嘗飽也。子於是日哭，則不歌。」（述而）唯有真性情的人，才知道關心眾生幸福，一心想要建立一個安和樂利的社會，讓天下人過好日子，而不肯獨善其身，追求自己的利益。不過這不表示關心社會，自己就不想享受一下輕鬆愉快的日子。

這一天應該是暮春天氣，所以曾皙才會想到暮春時節的活動。在天氣乍暖還涼的日子裡，師徒五個人坐在一起鼓瑟談天，是何等令人嚮往！

「浴乎沂」的沂水，源自孟子故鄉鄒縣東北方的尼山，西北流，至曲阜城的西南，經舞雩台，入於從西方和北方過來的泗水和洙水。雩台是祈雨的祭壇，求雨祭祀的時候伴以歌舞，所以叫「舞雩」。當年孔子講學於洙水和泗水會合之處，所以「洙泗」成為儒學的代稱。南宋高宗紹興三十一年（公元一一六一年），三十二歲的儒學中興大師朱熹，在一個春日的午後，夢中來到洙泗孔子昔日講學的聖地，醒來寫了一首詩，題目是〈春日〉：

勝日尋芳泗水濱，
無邊光景一時新；
等閒識得東風面，
萬紫千紅總是春。

朱子的祖先曾住鄒縣。朱子平日念茲在茲，他在夢中對儒學一定得到很多啟發罷！

仁就是克制自己，依禮而行

顏淵問仁。子曰：「克己復禮為仁。一日克己復禮，天下歸仁焉。為仁由己，而由人乎哉？」顏淵曰：「請問其目。」子曰：「非禮勿視，非禮勿聽，非禮勿言，非禮勿動。」顏淵曰：「回雖不敏，請事斯語矣！」

——**顏淵 12.1**

顏淵問如何做到仁。夫子說：「克制自己，依禮而行，就是仁。有一天大家克制自己，依禮而行，仁就普及於天下了。行仁靠自己，難道要靠別人嗎？」顏淵說：「請問克制自己，依禮而行的具體項目為何？」夫子說：「不合於禮的事不要看，不合於禮的話不要聽，不合於禮的話不要說，不合於禮的事不要做。」顏淵說：「弟子雖遲鈍，願照夫子的話去做。」

本章兩個關鍵的概念，就是仁和禮。什麼是仁？仁最根本的意義是愛人。愛人有不同的範圍：從愛家人到愛家人以外的人，到愛全天下的人；仁又有不同的程度：從起心動念，到見諸行動，到產生效果。孔子最希望看到的仁，就是讓全天下的人都得到照顧，過幸福的日子。所以不同的人問仁，他總是給予不同的答案，但又不輕易以仁許人。不過如果有人能為天下帶來和平與安定，縱然行為上有瑕疵，他也曲予諒解。

《論語》中提到，子路曰：「桓公殺公子糾，召忽死之，管仲不死。」曰：「未仁乎？」子曰：「桓公九合諸侯，不以兵車，管仲之力也。如其仁！如其仁！」（憲問）子貢問同樣的問題，孔子說：「管仲相桓公，霸諸侯，一匡天下，民至於今受其賜。微管仲，吾其披髮左衽矣！豈若匹夫匹婦之為諒也，自經於溝瀆，而莫之知也。」（憲問）管仲的為人有很多可議之處。他和鮑叔一起做生意，賺了錢，多分給自己，少分給鮑叔，是不義。他曾三戰三次逃走，是不勇。在這段文字中，他的主人公子糾為齊桓公所殺，管仲竟做了桓公的相，助他成就霸業，對公子糾來說就是不忠。與本章關係最密切的一點是管仲不知禮，孔子說：「管仲之器小哉！」或曰：「管仲儉乎？」曰：「管氏有三歸，官事不攝，焉得儉？」「然則管仲知禮乎？」曰：「邦君樹塞門，管氏亦樹塞門。邦君為兩君之好，有反坫，管氏亦有反坫。管氏而知禮，孰不知禮？」（八佾）由此看來，在孔子心目中，禮既非仁的充分條件，亦非必要條件。

禮是節制人的行為，以達到人際關係和諧、社會安定的一套制度。有子曰：「禮之用，和為貴。先王之道，斯為美，小大由之。」（學而）這套制度的完整體系可用下圖表示：

此圖化為文字，就是司馬遷在《史記・禮書》中所說：

人道經緯萬端，規矩無所不貫。誘進以仁義，束縛以刑罰，故德厚者位尊，祿重者寵榮。所以總一海內，而整齊萬民也。

人的行為受價值引導、規範約束。價值包括以仁義為代表的倫理價值，以財富為代表的經濟價值，和以尊貴為代表的社會價值。規範有社會規範和法律規範，前者沒有

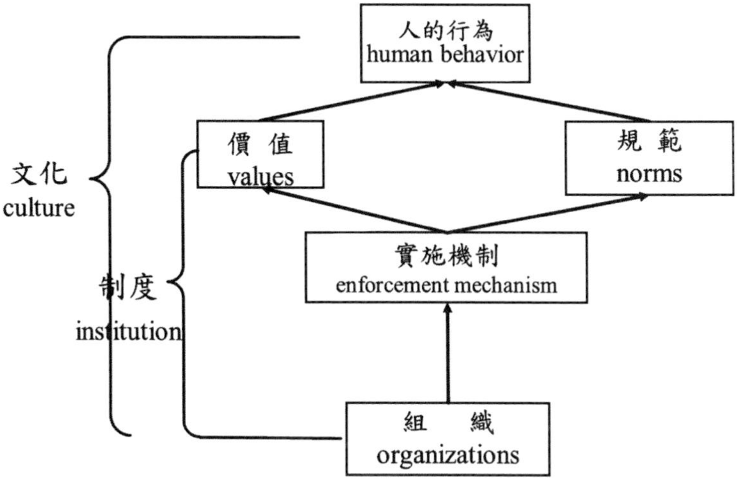

強制性，後者有強制性。讓這些價值與規範對人的行為發生作用，需要有實施的機制，而此機制建立在各種社會組織之上。

隨著社會變遷，人際關係改變，形成這套制度的各個因素也發生變動，例如不同價值的輕重，不同規範的寬嚴，不同組織影響力的大小等。司馬遷在〈禮書〉中說：

洋洋美德乎！宰制萬物，役使群眾，豈人力也哉？余至大行禮官，觀三代損益，乃知緣人情而制禮，依人性而作儀，其所由來尚矣！

仁是發自內心的關懷，禮是來自社會的節制。如果沒有禮，仁仍然獨立存在，雖然其所發揮的效果會受到不利的影響。然而如果沒有仁，則禮只是一些形式，而且不會產生長期的效果。

子夏問曰：「巧笑倩兮，美目盼兮，素以為絢兮。」何謂也？子曰：「繪事後素。」曰：「禮後乎？」子曰：「起予者商也，始可與言詩已矣。」（八佾）

這首詩說的是一位素顏美女，因為天生麗質，所以巧笑盼顧動人，「素以為絢」就是以素為絢。猶如繪畫要在素絹上展現出來。所以說「禮後」。禮在什麼之後呢？在仁之後，在倫理之後，如果沒有仁，沒有倫理，一切都無足觀者。子曰：「人而不仁，如禮何？人而不仁，如樂何？」（八佾）子曰：「禮云禮云，玉帛云乎哉？樂云樂云，鐘鼓云乎哉？」（陽貨）

廣義的禮包括儀式、規矩和制度三部分。不過一般談到禮，大都指儀式和規矩；《論語》中大多數情況也是如此。規矩指人與不同地位、不同關係的人相處應注意的分寸，這些分寸藉不同的儀式表達出來。不過更重要的不是儀式，而是內心的情意與態度。

林放問禮之本。子曰：「大哉問！禮，與其奢也，寧簡；喪，與其易也，寧戚。」（八佾）

禮和其他倫理之間也是一樣。

子游問孝。子曰：「今之孝者，是謂能養。至於犬馬，皆能有養，不敬，何以別乎？」（問政）

從以上的討論可知，禮對於維持社會的秩序與和諧雖然重要，但更重要、更基本的是倫理，特別是倫理中的仁。基本上，禮應受仁指導，而不是仁受禮約束。所以司馬遷參觀「大行禮官」，受到啟發，得知「緣情而制禮，依性而作儀」，禮儀不是死板板一成不變。一個人的道德修養到了一定程度，不思而得，不勉而行，發而皆中節，縱然與世俗禮儀的形式有所差異，也不至於太唐突。這就是孔子為何能「七十而從心所欲，不踰矩。」」

顏回是孔子最得意的弟子，也是孔門弟子中最有希望成聖的人。這樣一位資質好、有成就的弟子向孔子問仁，孔子告訴他「克己復禮」：管好你自己，不要不守規矩。又說：「非禮勿視，非禮勿聽，非禮勿言，非禮勿動。」一切依禮而行；像教初學書法的小孩子習字，先照字帖「描紅」，不是很符合顏回的造詣。比較合理的解釋是，這是孔子早期對顏回的教誨。顏回聽了，服膺弗失，身體力行，所以才會有後來的成就。

顏回小孔子三十歲，他卒於魯哀公十四年（公元前四八一年），年四十一歲，孔子七十一歲。孔子五十一歲出仕，任中都宰，顏回時年二十一歲。《論語》這一章的故事可能發生在孔子出仕之前。我們如能知道《論語》中的某一段話在什麼情境之下，發生在什麼時候，一定會對《論語》有更深入的了解。

最後，孔子說：「一日克己復禮，天下歸仁矣。」自古以來，幾乎所有解釋都是說：一天做到克己復禮，天下的人都會贊許你，說你是仁德之人，或行仁之人。不過這樣的解釋不是很符合儒者應有的態度，也不像孔子會說的話。因為儒家重視做人正當的態度，不是為了博取別人的美言。孔子曰：「不患人之不己知，患其不能也。」（憲問）孔子又曰：「君子病無能焉；不病人之不己知也。」（衛靈公）如果我們將「一日克己復禮，天下歸仁矣。」解釋為有一天大家都能克己復禮，仁就普及於天下了，這個疑慮就自然不存在了。

君子不憂不懼

司馬牛問君子。子曰：「君子不憂不懼。」曰：「不憂不懼，斯謂之君子已乎？」子曰：「內省不疚，夫何憂何懼？」

——顏淵12.4

司馬牛問怎樣才是君子。夫子說：「君子不憂愁、不恐懼。」司馬牛說：「不憂愁、不恐懼，這樣就算是君子嗎？」夫子說：「自己反省一下，沒有可以慚愧後悔的事，那麼還有什麼可以憂愁恐懼的呢？」

君子和仁是兩個理想化的概念，在孔子的思想中有重要的意義。君子一詞在《論語》中出現一百零七次，仁出現一百零九次。

仁是一個複雜的概念。仁有不同的層次，最低的層次是指愛人或關心別人。孔子說：「仁者愛人。」又說：「仁遠乎哉？我欲仁，斯仁至矣。」仁的最高層次是指人的善良之性充分實現。這需要具備各種美德，甚至聰明、才智、智慧和勇敢。因此仁在儒家思想中被稱為「心之全德」。仁的最高境界只能嚮往，不可能完全做到。

君子是指追求仁德之人。君子不斷修身，增益自己的品德和才能，以期成就完美的人格。清末民初的大學問家辜鴻銘在他翻譯的《論語》中，視情況不同將君子譯為「好人」、「聰明人」或「聰明的好人」，不過孔子重視品德勝於重視才智。

簡單的說，君子就是品德高尚之人，品德高尚之人不會違背良心做出背離倫理的事。一個不做壞事的君子沒有遺憾，因此也沒有憂愁和恐懼。如今流行的文化重知識輕品德，憂愁和恐懼不增加也難。

每個人扮演好自己的社會角色，天下就大治了

齊景公問政於孔子。孔子對曰：「君君，臣臣，父父，子子。」公曰：「善哉！信如君不君，臣不臣，父不父，子不子，雖有粟，吾得而食諸？」

——顏淵12.11

齊景公問孔子如何治理一個國家。孔子回答說：「君要像君的樣子，臣要像臣的樣子，父親要像父親的樣子，兒子要像兒子的樣子。」齊景公說：「說得好！真如君不像君，臣不像臣，父親不像父親，兒子不像兒

子，雖然有糧食，我能吃得到嗎？」

孔子三十五歲到齊國，齊景公向他請教治理國家的事。孔子在回答中第一次提出他的正名主張。名就是一個人在社會中所處的地位或所扮演的角色。如果每個人都能恰如其分扮演好應扮演的角色，例如君扮演好君的角色，臣扮演好臣的角色，父親扮演好父親，兒子扮演好兒子，社會就會有秩序地運作，達到和諧安定的境界。

社會中每一分子都有好幾個角色要扮演，例如他是父親的兒子、兒子的父親、妻子的丈夫、政府的官員，也是社會的公民。每個角色都有其社會所設定或期待的使命，完成此一使命是每一社會分子應盡的義務，也是責任。要確保每個人在其位置上守分盡職，除了靠倫理，還要靠制度。這個制度在孔子的時代就是「禮」。

宋代大學者司馬光在他的《資治通鑑》中檢討周代的禮制時說：「天

子之職莫大於禮，禮莫大於分，分莫大於名。何謂禮？紀綱是也。何謂分？君、臣是也。何謂名？公、侯、卿、大夫是也。」「公、侯、卿、大夫」就是各種不同名稱，各代表一種不同的地位。「君臣」是說君和臣是不同的身分，各有不同的功能或任務。至於公、侯、卿、大夫能不能各自善盡自己的職責，最後由天子以禮加以節制。可惜周室東遷以後，王權式微，禮漸漸失去了讓公、侯、卿、大夫各司其職的作用，以致各諸侯國互相攻伐，社會動盪不安。

齊國就是一個典型的例子。齊景公的父親齊靈公先立公子光為太子，後來又改立光的異母弟牙。但是齊靈公的大臣崔杼擁立光繼任，是為齊莊公。莊公殺牙，又和崔杼的妻子私通，為崔杼所殺，由莊公的另一異母弟繼位，就是齊景公。齊景公以崔杼為右相，慶封為左相。兩個權臣把持朝政，互相攻訐。後來崔杼為慶封所殺。當時的齊國真是君不君、臣不臣，兄弟相殘；魯國的情形也差不多。就在孔子到齊國那一年，魯昭公為他的三個權臣所逐，逃亡到齊國，終生未能返魯。孔子提出的正名主張，正切合當時齊國和天下的時弊。

孔子的正名主義

子路曰：「衛君待子而為政，子將奚先？」子曰：「必也正名乎！」子路曰：「有是哉！子之迂也。奚其正？」子曰：「野哉！由也。君子於其所不知，蓋闕如也。名不正，則言不順；言不順，則事不成；事不成，則禮樂不興；禮樂不興，則刑罰不中；刑罰不中，則民無所措手足。故君子名之必可言也，言之必可行也。君子於其言，無所苟而已矣。」

——**子路** 13.3

子路說：「衛國的國君等待夫子與聞國政，夫子準備從哪裡做起

呢？」夫子說：「如果一定要找一件事開始，那麼就是正名吧？」子路說：「有這樣的事嗎？夫子真是太迂闊了，名有什麼好正的呢？」夫子說：「由呀！你真是太粗野了。君子對自己不知道的事就該緘默存疑。名如果不正，說話就會不合道理；說話不合道理，事情就會辦不成；事情辦不成，禮樂就無法興盛；禮樂不興盛，責罰就不會恰當；責罰不恰當，老百姓就不知怎樣做才好。所以君子定了名分，就能理直氣壯去說，說過的話就能付諸實行。君子對自己說的話負責任，不隨便而已。」

在這段對話中，孔子詳細說明他的正名主義，以及正名對維持社會秩序、和諧與安定的重要性。政府唯一需要做的，就是使其人民各自扮演好自己的角色。

這段對話大約發生在孔子第一次向齊景公提出正名主張三十年之後。此時衛國王室和當年的齊國一樣也發生家庭問題。衛靈公的世子蒯聵因為圖謀加害父親的寵妃南子失敗逃亡在外。衛靈公死後，南子立蒯聵的兒子輒繼位，是為出公。蒯聵率眾自晉返衛，意在爭取君位。父子對立成為父不父、子不子的局面。孔子藉此再次提出他的正名主張。

發展經濟是施政的優先目標

子適衛，冉有僕。子曰：「庶矣哉！」冉有曰：「既庶矣，又何加焉？」曰：「富之。」曰：「既富矣，又何加焉？」曰：「教之。」

——子路 13.9

夫子到衛國，冉有為他駕車。夫子說：「人口真多呀！」冉有說：「人口已經多了，接著該做什麼呢？」夫子說：「讓他們富有。」冉有說：「如果已經富有了，接著該做什麼呢？」夫子說：「給他們教育。」

衛國是孔子周遊列國的第一站，也是他周遊列國十四年間進出次數最多，居住時間最久的地方。衛國位於河南北部，在魯國西方。衛都三遷，由西而東，從最初的沬到曹、楚丘、帝丘，大致都和曲阜同一緯度。衛國舊屬商地。衛都沬今為河南淇縣，就是殷商從帝乙到紂王建都的朝歌。紂王因為荒淫無道為周武王所滅。本章故事發生在魯定公十三年（公元前四九七年），當時孔子五十五歲。他對魯國國政失望到了極點，於是離開魯國，第一次進入衛國的土地。孔子是殷商後裔，如今來到祖先的故土，看到物是人非，心中應有很多感慨吧！

儒家對財富的態度應分兩個層次來說。對一般老百姓而言，財富很重要，因此政府施政應將富民放在優先的地位。在孔子所處的傳統停滯時代，缺少連續的技術進步，農業是當時社會的主要產業。一定的技術水準決定一定時期社會最大可能的總產值。政府的富民政策第一就是維持一個和諧安定的社會，讓老百姓可以安心從事生產；第二就是「使民以時」，不要耽誤農民從事耕作的「農時」；第三就是「輕斂薄賦」，不要聚積政府或政府官員的財富，以致剝削了人民的財富。

對於準備獻身濟世的君子而言，財富雖好，但必須以正當的原則取得，否則寧願不要，不過沒有財富也無妨，因為人生還有比財富更高的價值。孔子說；「富與貴是人之所欲也，不以其道，得之不處也；貧與賤是人之所惡也，不以其道，得之不去也」（里仁）又說：「飯疏食，飲水，曲肱而枕之，樂亦在其中矣。不義而富且貴，於我如浮雲。」（述而）

在孔子心目中，人只要品德好，學問好，當政者就會委以重任，給他地位和俸祿。所以孔子說：「學也，祿在其中矣。」（衛靈公）又說：「言寡尤，行寡悔，祿在其中矣。」（為政）

不過孔子所說的是一個理想的社會，在這個社會中，個人的目標和社會的誘因制度一致，個人向著目標努力，社會就給予應得的報償。這就是孟子所說「有天爵者，有人爵者。仁、義、忠、信，樂善不倦，此天爵也。公、卿、大夫，此人爵也。古之人，修其天爵而人爵從之……」（《孟子‧告子》）可惜這個機制在孔子時代已經敗壞了。

人民富有以後再給予教育。教育的目的是為了受教者個人的進德修業，懂得做人做事的道理。道德和學識好了以後，可以進入政府做官，也可以不進入政府做官。不是像現在把教育當作人力資本的投資，成為促進經濟發展的手段。所以孔子說：「古之學者為己，今之學者為人。」（憲問）

孔子的人生態度是努力塑造自己的人格完美，亞當‧史密斯也說：「節制私欲，樂施仁慈，成就人性的完美。」不過我們還需要一個理想的制度，使個人追求理想的努力達成社會穩定與發展的目的。

父爲子隱，子爲父隱，正直與孝行的兩全之道

葉公語孔子曰：「吾黨有直躬者，其父攘羊，而子證之。」孔子曰：「吾黨之直者異於是。父為子隱，子為父隱，直在其中矣。」

——子路 13.18

葉公告訴孔子說：「我家鄉有個正直的人，父親偷人家的羊，兒子予以告發。」孔子說：「我家鄉的正直和你們不一樣。父親為兒子隱瞞，兒子為父親隱瞞，正直就在其中了。」

這個故事的另外一個版本是：

「楚有直躬，其父竊羊而謁之吏。令尹曰：『殺之。』以為直於君而曲於父，報而罪之。以是觀之，夫君之直臣，父之暴子也。」（《韓非子．五蠹》）

另外，這個故事還有一個更複雜的版本：

「楚有直躬者，其父竊羊而謁之上。上執而將誅之，直躬請代之。將誅矣，告吏曰：『父竊羊而謁之，不亦信乎？父誅而代之，不亦孝乎？信且孝而誅之，國將有不誅者乎？』荊王聞之，乃不誅也。孔子聞之，曰：『異哉，直躬之為信也，一父而再取名焉。』故直躬之信，不若無信。」

（《呂氏春秋紀十一・當務》）

孔子見葉公一事，發生在公元前四九〇年或四八九年孔子居蔡期間。葉是楚國的屬地，今為河南葉縣。葉公是楚國的大夫沈諸梁，曾為楚國令尹，就是首相，因平亂有功封於葉。在這裡公應只是尊稱，不是公爵的意思。

這個故事涉及三個倫理原則。第一，偷人家的羊是「不義」的行為；第二，告發不義的行為就是「正直」；第三，告發自己的父親是「不孝」。葉公似乎認為「正直」優先於「孝行」，孔子似乎認為「孝行」優先於「正直」。英國著名漢學家理雅各的英譯《論語》注釋「直在其中」說：「此語並非絕對認定這樣（父為子隱，子為父隱）就是正直，而是說較諸另一作為（而子證之）其中有更好的原則。」不過理雅各接著說：「除了中國人，任何人都會說葉公的說法和聖人（孔子）的說法都非完整。」其實孔子並未認為父親偷人家的羊不是不義，他只是表示做兒子的人用不著出來告發，此外還有更好處理的方法，讓公義（正直）和私情（孝行）可以兩全。

在《韓非子》的例子中，兒子向政府檢舉父親偷人家的羊，令尹下令將兒子殺掉，理由是這個逆子雖然對國家正直，但對自己的父親不孝。這個故事一方面表現了法家的嚴厲手段，一方面也透露對儒家孝道的重視。在儒家思想中，孝悌是人倫大本。有子曰：「其為人也孝弟，而好犯上者鮮矣。不好犯上而好作亂者，未之有也。君子務本，本立而道生。孝弟也者，其為仁之本與？」（學而）一個連自己父親都可以出賣的人，還有什麼做不出來的壞事呢？不過這個故事應只是極端的說法，為了兒子檢舉父親偷羊就將兒子處死，用今天的話說不合比例原則，也不是父親願看到的對待，也許施以薄懲，責其不孝，以儆效尤，就可以了。

《呂氏春秋》的版本雖然故事性十足，但並非都在情理之中。偷羊罪不至死，如果是死罪，也不應由別人代替受死。怎麼一經兒子舉報，就將父親判死刑；而兒子請求代父受刑，又准其所請；最初出賣父親的兒子，竟成為忠孝雙全的賢者，世上有這樣的道理和這樣的法律嗎？難怪孔子要說：「一個父親，兩次博取名聲，這算哪門子正直誠信呢？」所以「這個正直老實人的誠信，不如沒有誠信。」

潔身自愛，不接受無道之君的俸祿

憲問恥。子曰：「邦有道，穀；邦無道，穀，恥也。」

——憲問14.1

原憲問怎樣算是可恥。夫子說：「國家有道的時候，拿政府的俸祿；國家無道的時候，還拿政府的俸祿，就是可恥。」

政府的任務在於維護人民的利益，增進人民的福祉，國家能夠做到這一點就是有道。反之，貪腐無能，只知聚斂當政者的財富，膨脹當政者的權力，傷害人民利益，就是無道。國家政治清明，政府為人民謀福利，到政府做事，拿國家的俸祿，心安理得。政府如果不能為人民謀福利，反而欺壓百姓，剝削人民的利益，那麼參與政府，成為貪腐集團的一員，助紂為虐，拿國家的俸祿，就是可恥。這是儒家立身處世基本的態度。

子曰：「篤信好學，守死善道。危邦不入，亂邦不居。天下有道則見，無道則隱。邦有道，貧且賤焉，恥也；邦無道，富且貴焉，恥也。」（泰伯）

天下有道則仕，為民服務；天下無道則隱，潔身自好。國家政治清明，自己不能有所成就，國家政治敗壞，自己卻有錢有勢，都是可恥的事。

不過很多時候，孔子也表現出務實的看法。

子謂南容，「邦有道，不廢；邦無道，免於刑戮。」以其兄之子妻之。（公冶長）

南容是孔子弟子，氏南宮，名縚（家語作韜），字子容，司馬遷在《史記．仲尼弟子列傳》中誤為南宮括。朱子以為「名縚，又名括，字子容，謚敬叔，孟懿子之子也。」將南宮縚、南宮括誤為一人。南容為人謹慎，孔子認為他在國家有道的時候，仍可為當政者所用，國家無道的時候，也不會受到政治迫害。

「南容三復〈白圭〉，孔子以其兄之子妻之。」（先進）〈白圭〉是《詩》中一首，全文為：「白圭之玷，尚可磨也；斯言之玷，不可為也。」白圭有汙點尚可以磨掉；說出去的話有汙點，就無法挽回了。南容讀《詩》讀到這一句，再三覆誦。可見他是一位慎言的人，為人穩妥，所以孔子放心將姪女嫁給他。

人生在世不是都能隨心所欲，由著自己的性子，合則留，不合則去。反而需要有點智慧，在逆境中求生存，甚至雖然身處逆境，仍可以做些對國家有利的事。子曰：「甯武子邦有道則知，邦無道則愚。其知可及也，其愚不可及也。」（公冶長）甯武子是衛國大夫。國家有道時，他就發揮自己的才華，為國家做事；國家無道時，他就隱藏自己的才華，示人以愚，以求自保。我們常說什麼人「愚不可及」，笨到大家都趕不上的程度。其實甯武子的愚，正是大家所不及的智慧。

孔子雖然稱贊甯武子，但他自己是一位真誠正直的君子，不會教人做鄉愿，不得罪人，遇事裝糊塗，逃避責任。不過在政府做事，還是小心謹慎才好。子曰：「邦有道，危言危行；邦無道，危行言孫。」（憲問）國家有道時，應該正正當當的做事，正正當當的說話；國家無道時，就該正正當當的做事，但是說話要謙卑、小心，以求明哲保身。晏嬰就是一個很好的榜樣。

孔子滿懷理想，心中充滿使命感，鍥而不舍，一心想要拯救萬民於水火。微生畝謂孔子曰：「丘何為是栖栖者與？無乃為佞乎？」子曰：「非敢佞也，疾固也。」（憲問）微生畝大概是一位年長的隱者，所以他對孔子直呼其名。問他：你怎麼這樣匆匆忙忙奔走，難道不是巴巴結結到處討好嗎？孔子說：「不是我四處討好，只是天下的病深了，不能不盡力去做。」

另外一個機會，孔子遇到長沮、桀溺兩位隱者：

長沮、桀溺耦而耕，孔子過之，使子路問津焉。長沮曰：「夫執輿者為誰？」子路曰：「為孔丘。」曰：「是魯之孔丘與？」曰：「是也。」曰：「是知津矣。」問於桀溺。桀溺曰：「子為誰？」曰：「為仲由。」曰：「是魯孔丘之徒與？」對曰：「然。」曰：「滔滔者天下皆是也，而誰與易之？且而與其從辟人之士，豈若從辟世之士哉？」耰而不輟。子路行以告。夫子憮然曰：「鳥獸不可與同群。吾非斯人徒而誰與？天下有道，丘不與易也。」（微子）

辟人是指做大官的人出門，闢除行人，《孟子．離婁》評論子產，說：「君子平其政，行辟人可也。」桀溺說：「天下像滔滔的大水，到處都一個樣子，誰能加以改變呢？與其跟隨做大官的人，不如跟隨退隱的人。」孔子聽了有點不高興。他說：鳥獸是不可以在一起的。我不和世人在一起，和什麼人在一起呢？天下有道，我就不需要加以改變了。」

一千多年以後，唐玄宗有一首詩贊嘆說：

夫子何為者？栖栖一代中，

地猶鄹氏邑，宅為魯王宮。

歎鳳嗟身否？傷麟怨道窮。

今看兩楹奠，當與夢時同。

孔子曾告訴子貢：「予疇昔之夜，夢坐奠於兩楹之間。夫明王不興，而天下其孰能宗予？予殆將死也。蓋寢疾七日而沒。」（《禮記・檀弓》）夏人殯於東階之上，殷人殯於兩楹之間，周人殯於西階之上。孔子是殷人，所以夢見自己祭奠於兩楹之間。

原憲字子思。孔子為魯大司寇時以為家宰，就是大管家，可見是個會做事的人，也受到孔子器重。

原思為之宰，與之粟九百。辭。曰：「毋。以與爾鄰里鄉黨乎！」（雍也）

原憲給老師做事不接受酬勞。孔子說：不要這樣。不會分給你的鄰里鄉黨嗎？

《家語》說原憲少孔子三十六歲。果如此，則孔子五十二歲出任魯大司寇，原憲只有十六歲，不可能為孔子家宰。所以一說原憲應是少孔子二十六歲，文獻抄寫時可能多了一畫。

司馬遷在《史記・仲尼弟子列傳》中記載了下面的故事：

孔子卒，原憲遂亡於草澤中。子貢相衛，而結駟連騎，排藜藿入窮閻，過謝原憲。憲攝敝衣冠見子貢，子貢恥之。曰：「夫子其病乎？」原憲曰：「吾聞之，無財者謂之貧，學道而不能行者謂之病。若憲，貧也，非病也。」子貢慚，不懌而去，終身恥其言之過也。

子貢為衛相，遠道來看原憲。原憲鄭重其事，穿戴破舊的衣冠相見，衣冠可能舊了，然而其禮不廢。經過孔子逝世，兩位老同學見面應是何等愉快的事。子貢雖然顯貴，但是見了老同學稱「夫子」，可見原憲真的要比子貢大幾歲。子貢曾經問孔子：「貧而無諂，富而無驕，何如？」孔子曰：「可也，未若貧而樂，富而好禮者也。」（學而）子貢不像看到老同學窮會覺得可恥的人。原憲更不會覺得貧窮可恥，在他心目中，苟合於世才是可恥，所以選擇退隱，這正是他當年聽了孔子的教誨，立下的志向。司馬遷採用這段故事，是想告誡我們做人應慎言呢？還是寬容呢？也許寬容又慎言吧！

造福百姓就是仁

子路曰：「桓公殺公子糾，召忽死之，管仲不死。」曰：「未仁乎？」子曰：「桓公九合諸侯，不以兵車，管仲之力也。如其仁！如其仁！」

——憲問14.16

子貢曰：「管仲非仁者與？桓公殺公子糾，不能死，又相之。」子曰：「管仲相桓公，霸諸侯，一匡天下，民至于今受其賜。微管仲吾其被髮左衽矣！豈若匹夫匹婦之為諒也，自經於溝瀆而莫之知也。」

——憲問14.17

子路說：「齊桓公殺了公子糾，召忽殉主而死，然而管仲不死。」又說：「管仲不仁嗎？」夫子說：「齊桓公九次召集天下諸侯，不動用武力，都是管仲的貢獻。這就是管仲之仁，這就是管仲之仁。」

子貢說：「管仲不是仁人吧？齊桓公殺公子糾，管仲不能殉主而死，又去為桓公之相。」夫子說：「管仲輔佐齊桓公，成為諸侯之長，維護天下安定，人民直到今天受到他的恩賜。如果沒有管仲，我就披髮、左向開襟了！難道要像一般無知小民，守住一點小信小節，自己勒死在水溝裡，沒有人知道嗎？」

在這兩段對話中，子路和子貢說的是同一個故事，問同樣的問題，所以併在一起討論。

諸兒、糾和小白是齊釐公的三個兒子。釐公去世後，諸兒繼立，是為襄公。襄公無道，管仲和召忽輔助公子糾避禍到魯國，鮑叔輔助小白逃到莒。襄公十二年（公元前六八六年），襄公為堂弟無知所殺，齊亂。小白自莒返齊，魯國派兵護送公子糾回國。管仲在途中攔截小白，射中小白的帶鈎。小白佯死，搶先回到齊國即位，是為齊桓公。齊國發兵打敗魯國軍隊，要求魯國殺公子糾，並遣返召忽和管仲。召忽自殺殉主，管仲押解至齊，桓公任用他為相。

從以上這段有名的歷史故事看來，召忽忠心事主，寧願犧牲自己性命，管仲則畏死以圖僥倖，後來竟做了本應是仇人的大臣。所以子路和子貢都懷疑，究竟應如何評價管仲？管仲應該不能算是仁吧？

其實管仲的行為確有不少可議之處。在司馬遷《史記・管晏列傳》中，管仲自稱和好朋友鮑叔一起做生意，因為家貧，賺了錢多分給自己；又因為家有老母，曾經三戰三次逃走。難道一個人做了不對的事，只要找到適當理由，就可以成為正當嗎？孔子說到管仲，也曾批評他器小（器量狹小）、不儉和不知禮（八佾）。然而孔子在這裡卻從國家長遠歷史的效果看，認為管仲輔佐齊桓公安定天下，造福老百姓，因此是仁。不是不在乎小節，不過更重視大局，應是孔子倫理觀務實的特點。所以孔子周遊列國，公元前四九三年，自陳至衛，為蒲人所阻，讓他發誓不去衛國才放行。然而孔子離開蒲，繼續赴衛國。子貢問他：「盟可負邪？」孔子曰：「要盟也，神不聽。」（《史記．孔子世家》）

正名的故事：陳恆弒其君

陳成子弒簡公。孔子沐浴而朝，告於哀公曰：「陳恆弒其君，請討之。」公曰：「告夫三子。」孔子曰：「以吾從大夫之後，不敢不告也。君曰『告夫三子』者！」之三子告，不可。孔子曰：「以吾從大夫之後，不敢不告也。」

——憲問 14.21

陳成子殺了齊簡公。孔子洗淨頭髮和身體上朝，向魯哀公報告說：「陳恆殺了他的國君，請出兵討伐。」魯哀公說：「去告訴三位大臣。」

孔子說：「由於我備位大夫，不敢不向上面報告。現在要我『告訴三位大臣』。」到了三位大臣的地方向他們報告，不獲同意。孔子說：「由於我備位大夫，不敢不向上面報告呀。」

這也是一個正名的故事。這個故事中的所有主角，除孔子之外，都未能盡責扮演好自己的社會角色。故事中陳恆殺掉國君，是「臣不臣」。魯國國政長期為季孫、叔孫、孟孫三個權貴家族把持。魯哀公時期這三個家族的首領就是哀公口裡所說的「三子」。國有大事哀公不能作主，發號施令，三個權貴也不能善盡職守，君不君，臣不臣，所以魯國國勢衰微。孔子這時年事已高，而且沒有政府職位，只有盡自己的言責。

求學是爲自己，不是爲別人

子曰：「古之學者為己，今之學者為人。」

——憲問 14.24

夫子說：「古時候的人為自己而學習，現在的人為別人而學習。」

孟子有一段話最能幫助我們了解孔子這兩句話的意義。孟子說：「有天爵者，有人爵者。仁義忠信，樂善不倦，此天爵也。公卿大夫，此人爵也。古之人修其天爵而人爵從之。今之人修其天爵以要人爵，既得人爵而棄其天爵，則惑之甚者也，終亦必亡而已矣！」（《孟子・告子》）「修其天爵」是為己，「修其天爵，以要人爵」就是為人。「修其天爵」之所以被當作為己，是因為美德本身就是人生的終極目的或固有價值，人生由此得到幸福、快樂。「修其天爵，以要人爵」之所以被當作為人，是因為美德被利用當作手段，以博取別人的好感、獲得人爵，人爵才是真正要追求的目的。至於「既得人爵而棄其天爵」，美德則是被當作欺騙別人的手段。

孔子並不認為人爵，包括富貴榮華，不是正當的目的。事實上孔子鼓勵人們出仕做官，造福人民。問題在於追求目的時是否心存善念，達到目的後是否造福百姓。

孔子說：「君子謀道不謀食。」追求自己的品德和別人的福利就是謀道；追求自己的利益就是謀食。為了追求自己的利益而放棄美德就去道更遠了。

過去傳統停滯時代，教育的內容重視倫理勝於重視知識與技術。如今進入現代成長時代，知識與科技日新月異，教育的內容重視知識與應用，倫理日益不受到重視，甚至被放棄。教育不重視知識與應用當然不切實際，然而如果置倫理於不顧，社會就會失去秩序與安定，進而對技術進步與經濟成長產生不良的影響。

君子的三種境界

子路問君子。子曰：「修己以敬。」曰：「如斯而已乎？」曰：「修己以安人。」曰：「如斯而已乎？」曰：「修己以安百姓。修己以安百姓，堯舜其猶病諸。」

——憲問14.42

子路問怎樣才能成為一位君子。夫子說：「認真培養自己的品德與學問。」子路說：「這樣就可以了嗎？」夫子說：「認真培養自己的品德與學問，然後去幫助別人，讓他們得到照顧。」子路說：「這樣就可以了嗎？」夫子說：「認真培養自己的品德與學問，然後去幫助天下的老百姓，讓他們得到照顧。培養自己的品德與學問，照顧好天下的老百姓，就算堯舜也有做不到的地方。」

孔子的核心思想是一套倫理為先的價值觀。什麼是倫理？倫理就是人與人間應維持的關係，或人與人相處應遵守的原則。倫理最重要的項目是仁。仁有不同程度的仁，從最低層次的「仁者愛人」，「我欲仁，斯仁至矣」，到最高層次的「博施濟眾」，進入聖的境界。

倫理的實踐是道德，道德表現在人的行為上是品德，具有品德的人是君子。君子是孔子理想人格的典型。

在這段對話中，孔子在子路的三次提問中，說出理想人生的三種境界——追求自己人品完美，進而幫助別人，進而幫助天下所有的人。這三種人生境界可以進、可以止、可以退，都無損於人生的圓滿。人生可以不必「治國、平天下」，也不是人人都有這樣的意圖，在現代社會更是如此，但人必須追求自己的完美，才能讓人生無憾。

孔子塑造了君子的人格典型，在中國文化的提升上有重要的意義。君子的對照面是小人。人人希望自己能成為君子，而不是小人。然而君子的修養像仁一樣，永遠有進步的空間。所以人縱然是君子也不敢自命為君子；明知是小人，卻不敢承認是小人，讓社會不至於沉淪。

君子的美德

子曰：「君子義以為質，禮以行之，孫以出之，信以成之。君子哉！」

——衛靈公15.18

夫子說：「君子以義的本質，以合於禮的方式表現出來，以謙卑的態度加以實踐，信守承諾加以完成。這就是君子呀！」。

君子的本質就是義，或者說君子做人的原則就是義。什麼是義？義就是做對的事。什麼是對的事？不違背倫理的事就是對的事。倫理是人與人相處應遵守的原則。倫理的實踐是道德，道德表現在行為之上為品德，有品德的人就是君子。

前面提過，子路問君子。孔子說：「修己以敬。」子路不滿意再問：「這樣就是君子了嗎？」孔子補充說：「修己以安人。」子路仍然不滿意，再問：「這樣就是君子了嗎？」孔子進一步補充說：「修己以安百姓。修己以安百姓，堯舜其猶病諸。」（憲問）在這段對話中，孔子提出君子的三個境界，不是每位努力想做君子的人都能做到，除了自己立志，還要看環境、際遇和自己的能力。

蘇格蘭的哲學家亞當・史密斯以經濟學家聞名於世，被稱為經濟學之父。不過他最初是道德哲學（moral philosophy）教授。他在一七五九年出版的《道德情操論》中，將人生的美德區分為審慎的美德（the virtue of prudence），公平的美德（the virtue of justice）和仁慈的美德（the virtue of benevolence）。審慎的美德源自利己之心；審慎是追求自己的經濟利益和社會地位。公平的美德和仁慈的美德源自利他之心，公平是不減少別人的利益，仁慈是增加別人的利益。

為什麼追求自己的利益是美德？因為人需要一點物質的東西，人在社會上需要被認同，有一點地位和名聲，才能生存和發展。人如果不追求自己的利益，難道讓別人照顧才是美德嗎？但追求自利不能過分，更不能傷害到別人的利益，最好能增加別人的利益。亞當・史密斯說：「為人如能做到恰好的審慎，嚴格的公平，適當的仁慈，可謂品格完美矣。」品格完美就是君子，君子不妨追求自己的利益，但不能因此傷害到別人的利益，最好能增加別人的利益。不傷害別人的利益、增加別人的利益就是義。

在儒家的價值系統中，義和很多倫理項目有關，義行雖然是好事，但需要禮來引導與節制。禮是社會的規範，有法律所定的規範，也有社會文化自然形成的規範，其目的在於約束人的行為，達到社會的和諧與安定。

《論語》有一段很重要的話，「有子曰：『禮之用，和為貴，先王之道，斯為美，小大由之。有所不行，知和而和，不以禮節之，亦不可行也』」（學而）就是說，禮的功用以達成人與人之間的和諧最可貴。先王傳下來的制度中，禮最為美好，無論小事大事都依禮而行。不過和諧雖然好，如果為了和諧而和諧，不顧原則，不以禮加以節制，也不可行。顏淵問仁。孔子說：「克己復禮為仁。」顏淵再問仁的細目。孔子說：「非禮勿視，非禮勿聽，非禮勿言，非禮勿動。」（顏淵）一切行為都應以禮為規範。孔子說：「恭而無禮則勞，慎而無禮則葸，勇而無禮則亂，直而無禮則絞。」（泰伯）恭敬、謹慎、勇敢、正直，都是做人的美德，然而恭而不知禮則徒然增加煩勞，慎而不知禮就會流於怯懦，勇而不知禮可能導致紛爭，直而不知禮則遇到事情容易失之急切。社會不能沒有規範。問題是這些規範要隨著社會的發展、人際關係的改變，做出合理的調整，使人與人相處的關係順暢，不構成社會進步的阻力。可惜我國在進入現代化的過程中，傳統禮教故步自封，喪失原來促進和諧的功能，成為阻礙進步被打倒的對象。

義不但要節之以禮，還要「孫以出之」。孫就是遜，表示謙虛的態度。遜的反面是傲，驕傲是自我的過度肯定，對內心可能有慰藉的作用，但只足以壞事，對名聲和事功一點幫助都沒有。正如孔子所說：「如有周公之美，使驕且吝，其餘不足觀也已！」（泰伯）

信是說話算數，說到做到，以底於成。也有人說，信是誠實的意思。人如果誠實，禮就不會成為虛情，義也不會成為假義，這才是一個真君子呀！

己所不欲，勿施於人

子貢問曰：「有一言而可終身行之者乎？」子曰：「其恕乎？己所不欲，勿施於人。」

——**衛靈公 15.24**

子貢問：「有一個字可以讓我們終身奉行實踐的嗎？」夫子說：「這個字不就是恕嗎？自己不喜歡的事，不要加到別人身上。」

「己所不欲，勿施於人。」（What you do not want done to you, do not do

to others.）不僅是儒家思想所重視的價值，也是世界各國共同認定的普世價值，所以稱為「金律」（the golden rule）。如果人人都能奉行此一「金律」，人與人之間應不會發生爭執和衝突，社會也就可以維持和諧與安定了。

不過，由於每個人不論怎樣謙卑，都重視自己的欲望勝於別人的欲望，重視自己的利益勝於別人的利益，其實這也是大自然賦予所有生物的本能，此一看起來簡單的「金律」並不容易做到。

子貢說：「我不欲人之加諸我也，吾亦欲無加諸人。」子曰：「賜也，非爾所及也。」（公冶長）孔子自己也說：「君子之道四，丘未能一焉：所求乎子以事父，未能也；所求乎臣以事君，未能也；所求乎弟以事兄，未能也；所求乎朋友先施之，未能也。」（《中庸》）

我們如果將儒家的倫理系統和亞當・史密斯的美德論相比較，儒家的恕大致相當於史密斯的公平（justice），儒家的仁相當於他的仁慈（benevolence）。照亞當・史密斯的說法，公平是不使別人的利益減少，仁慈是使別人的利益增加。在儒家思想中，「己所不欲，勿施於人」為恕，從「己所不欲，勿施於人」提升為「己欲立而立人，己欲達而達人」，則進入仁的境界。不過我們不能過度引申說：「己之所欲，施之於人」，因為我之所欲並非一定就是別人之所欲。

人生應有遠大的目標，不是爲謀衣食

子曰：「君子謀道不謀食。耕也，餒在其中矣；學也，祿在其中矣。君子憂道不憂貧。」

——衛靈公 15.32

夫子說：「君子謀求實現理想，不謀求解決生活問題。努力耕田，有時候免不了飢荒。努力求學，總可以得到一份職位和薪水。君子擔心理想不能實現，不擔心貧窮。」

道字有不同的意義。道在《論語》中出現六十次。一般而言，道是一種理想的社會秩序，在此一社會秩序中，每個人都按照自己的名分，扮演好自己的社會角色。道也是一種理想的人生態度，扮演好自己的社會角色就是理想的人生態度。

在孔子的信念中，一個人只要循正道而行，以正當的人生態度追求正當的社會目的，社會就會給予適當的社會與經濟報償，讓他有工作，有收入，所以不需要「謀食」，也不需要「憂貧」。

上面的情況，需要一個有效的社會誘因或獎懲制度，讓遵守制度的人得到適當的獎賞，就像孟子所說的：「修其天爵而人爵從之」，不遵守的人得到應有的懲罰。

這就是孔子的理想社會。孔子一生努力就是想重建社會誘因制度，在他那個時候就是禮。可惜這種美好的情況不常存在。不過對一位君子而言，不會憂慮，因為在他心目中另有快樂的來源。

人、臣之道與治國安邦的方略

季氏將伐顓臾。冉有、季路見於孔子，曰：「季氏將有事於顓臾。」孔子曰：「求，無乃爾是過與？夫顓臾，昔先王以為東蒙主，且在邦域之中矣，是社稷之臣也。何以伐為？」冉有曰：「夫子欲之，吾二臣者皆不欲也。」孔子曰：「求！周任有言曰：『陳力就列，不能者止。』危而不持，顛而不扶，則將焉用彼相矣？且爾言過矣。虎兕出於柙，龜玉毀於櫝中，是誰之過與？」冉有曰：「今夫顓臾，固而近於費。今不取，後世必為子孫憂。」孔子曰：「求！君子疾夫舍曰欲之，而必為之辭。丘也聞有國有家者，不患寡而患不均，不患貧而患不安。蓋均無貧，和無寡，安無傾。夫如是，故遠人不服，則修文德以來之，既來之，則安之，今由與求也，相夫子，遠人不服而不能來也；邦分崩離析而不能守也。而欲動干戈於邦內。吾恐季孫之憂，不在顓臾，而在蕭牆之內也。」

——**季氏16.1**

季氏將要攻打顓臾。冉有和季路來看孔子說：「季氏將要對顓臾有所行動。」孔子說：「求，這不就是你的過錯嗎？先王從前讓顓臾為東蒙之主，而且就在魯國的國境之內，可算是一殿之臣了。為什麼要打他呢？」冉有說：「老闆要這樣做，我們兩個做部下的都不想這樣。」孔子說：「求，周任有句話說：『能夠貢獻心力就做，不能貢獻心力就不做。』如果長官有難不幫他一下，長官要摔倒不扶他一把，還要用副手嗎？而且，你說的不對了。老虎和野牛從柵欄裡跑出來，龜甲和玉石在盒子裡毀壞，是誰的過失呢？」。冉有說：「如今顓臾牢固，而且靠近費，今天若不拿到手，將來一定會成為子孫的憂患。」孔子說：「求，君子最討厭明明心裡想要卻不說想要，而另外想出一套說辭來掩飾。我聽人家說做國君和做大夫的，不擔心人少，而擔心分配不均；不擔心貧窮，而擔心不安定。因為分配平均就沒有貧窮的問題；和諧團結就不怕人少，社會安定就不會傾覆。如果做到這個樣子，遠地的人不服，就改善我們的文化條件和道德條件吸引他們前來；來了以後就好好加以對待，讓他們安心留下來。現在子路和你幫季氏做事，遠地的人不服不能讓他們來歸，國家分裂崩塌，人民流離渙散，不能加以守護，而想要在自己國土之內動刀兵，我恐怕季孫要擔心的不是顓臾，而是自己家門之內。」

這段話是《論語》中少有的長篇，有點不像《論語》的風格，但內容豐富，給我們很多啟發。

冉有和季路，就是冉求和子路，是孔門政事科代表性的人物。冉有少孔子二十九歲，子路少孔子九歲，他們都隨孔子周遊列國。魯哀公三年（公元前四九二年），魯國掌權的高官季桓子卒，他的兒子季康子代立，召冉有返魯，這年孔子六十歲。冉有的才幹顯然受到季康子的欣賞，他也率師打敗齊國的軍隊。魯哀公十一年（公元前四八四年），魯迎孔子返國，這年孔子已經六十八歲。

這段對話應是發生在孔子返魯初期，不久子路就出仕到衛國，擔任蒲邑的大夫。這段對話中說的夫子，就是季康子。從這段對話我們可以看出，雖然子路比冉有資深，但是冉有在季康子身邊有更大的影響力，因此兩人見到孔子，一直由他代表發言，孔子的責備也一直以他為主要對象。

冉有和子路都是幹練的行政人才。孟武伯問：「子路仁乎？」孔子說：「由也，千乘之國可使治其賦也，不知其仁也。」又問：「求也何如？」孔子說：「求也，千室之邑，百乘之家，可使為之宰也，不知其仁也。」（公治長）這兩位是不是仁說不上來，不過兩個人都是治理國家的能手。又季子然問：「仲由、冉求可謂大臣與？」孔子說：「……所謂大臣者，以道事君，不可則止。今由與求也，可謂具臣矣。」曰：「然則從之與？」曰：「弒父與君亦不從也。」（先進）冉有和子路雖然達不到孔子心目中大臣的標準，不過太過分的事像弒父與君，也不會順從，可算是像樣的臣子了。孔子知道冉有的才幹，所以季康子召冉有返魯時，孔子說：「魯人召求，非小用之，將大用之也。」（《史記．孔子世家》）

冉有和子路相比，冉有圓融，對原則保持若干彈性，子路則率直，堅持原則。兩人都常被老師責備，不過孔子對冉有的責備有時很嚴厲，對子路的責備往往有幾分疼惜。孔子對弟子的要求有較高的標準，對一般人則容許若干妥協。他說：「寧武子邦有道則知，邦無道則愚。其知可及也，其愚不可及也。」（公冶長）

另外一位孔子稱許的時人晏嬰，其為人處世的智慧也有我們可以學習之處。晏嬰事齊靈公、齊莊公、齊景公三朝，這三個君主當中，靈公和莊公是昏君，景公稍好，但孔子說：「齊景公有馬千駟，死之日，民無德可稱焉。」（季氏）晏嬰在他們手下做事不容易。司馬遷說他「食不重肉，妾不衣帛。其在朝，君語及之，即危言，語不及之，即危行。國有道，即順命；無道，即衡命。以此三世顯名於諸侯。」（《史記．管晏列傳》）這段話是說，上面問到就堂堂正正的說，上面不問就正正當當的做，國有道就照上面的意思做，國無道就斟酌情形而為。這是晏嬰的忠君愛國之道，也是他的自處之道。因此孔子說：「晏平仲善與人交，久而敬之。」（公冶長）

東蒙在魯國都城曲阜的東方，季孫氏大本營費的北方，顓臾是伏羲氏的後裔，封在東蒙之地，是魯國的附庸國。這時季氏想攻而取之，壯大自己的勢力。冉有是季康子手下的重臣，所以孔子對他不能勸阻自己長官不義的行為不能諒解。不過更令孔子生氣的是，冉有隱藏季氏內心自私的企圖，另外說出一套似是而非的道理，說顓臾靠近費，城牆堅固，今天不打它，怕它將來打季氏的子孫。這就是孔子所說的「舍曰欲之，而必為之辭。」這種情形我們在日常生活中常會遇到。這不是誠實的態度，也不能騙過別人；我們應常常想一想孔子的這一句話，對於檢視自己的真誠，觀察別人的真偽，會有很大的幫助。

孔子接著說：「有國有家者，不患寡而患不均，不患貧而患不安……」這段話的另外一個版本是「不患貧而患不均，不患寡而患不和。」用今天的話說，貧是所得低，寡是人口少。不怕所得低，只怕所得分配不均；不怕人口少，只怕人與人不能和諧相處。因為所得分配平均就沒有貧窮的問題，人民和諧相處就沒有人口少的問題。這樣就可以社會安定，國家不致傾覆。這是古今中外所有國家都應謹記的治理方針。

孔子的國際政治原則是「遠人不服則修文德以來之。」以德服人，不以力服人。這也是孔子凡事反求諸己而薄責於人的原則，在對外關係方面的應用。「既來之，則安之」，來了以後就加以善待。這是中華文化歷史上最溫柔敦厚、為人稱道的地方。有這樣的文化，世上還會有戰爭，人與人之間還會有剝削和歧視嗎？

紀綱敗壞，而國危矣

孔子曰：「天下有道，則禮樂征伐自天子出；天下無道，則禮樂征伐自諸侯出。自諸侯出，蓋十世希不失矣；自大夫出，五世希不失矣；陪臣執國命，三世希不失矣。天下有道，則政不在大夫。天下有道，則庶人不議。」

——季氏16.2

孔子說：「天下有道的時候，國家的大事禮、樂、征伐由天子做主；天下無道的時候，國家的大事禮、樂、征伐由諸侯做主。國之大事由諸侯做主，大約很少傳到十代還不喪失王權；如果由大夫做主，很少超過五代；如果由大夫的家臣做主，則很少超過三代。天下有道，國政不在大夫手中。天下有道，則一般百姓不會議論國事。」

前文曾經引用司馬光的話：「天子之職莫大於禮，禮莫大於分，分莫大於名。何謂禮？紀綱是也；何謂分？君臣是也；何謂名？公、侯、卿、大夫是也。」

本章所說的是在一個封建制度中，君臣不能扮演好應扮演的社會角色，紀綱敗壞，國家混亂的狀況。所以孔子要恢復禮，使國家的運作合於道。不過如今已是民主時代，政府失去主宰整個社會的權威，社會的紀綱應如何維持呢？

交友之道

孔子曰：「益者三友，損者三友。友直、友諒、友多聞，益矣；友便辟，友善柔，友便佞，損矣。」

——季氏16.4

子貢問友。子曰：「忠告而善道之，不可則止，無自辱焉。」

——顏淵12.23

孔子說：「對我們有益的朋友有三種，有害的朋友也有三種。朋友正直，朋友誠實，朋友有學問，對我們有益。朋友慣於逢迎，朋友善於阿

諛，朋友慣於花言巧語而無實學，對我們有害。」

子貢問如何交朋友。夫子說：「朋友如果有過失，盡心加以勸告，用委婉的言辭開導他，不聽就算了，不要自取其辱。」

朋友是五倫之一。所謂五倫就是五種人與人之間的關係：父子，包括父母和子女；兄弟，包括兄弟姊妹；夫妻；君臣，古時候的君臣就是今天的長官與部屬；朋友。在這五種關係中，父子、兄弟和夫妻是經由婚姻，產生於同一家庭的親情關係。其中父母和子女、兄弟姐妹之間又有血緣關係。君臣或長官與部屬是職場上的關係。以上四種並有互惠以及權利與義務的特定關係。唯有朋友是自由結合的情義關係。

傳統農業社會中，農業人口約在百分之七十左右以上，社會結構簡單，一般人交往的範圍，大致在家族、親戚與鄉里之間。進入現代工商業社會，技術進步，經濟成長，產業結構改變，人口城市化，社會結構日趨複雜。愈來愈多人離開家鄉，進入城市，傳統人際關係日漸疏遠。經由同學、同事、工作與生活接觸所建立起來的朋友關係，在現代人的生活和工作中日愈重要。

孔子在本章中告訴我們交友之道。正直的人表裡如一，不做違背原則的事；誠實的人不欺騙，不會爾虞我詐。這樣的人都是可以信賴、依靠，是不會讓我們受到傷害的人。有學問的人博學多聞，可以增益我們的學識和智慧，提升我們工作和生活的能力。人生能多這樣的朋友，一定會感到安全和幸福。

曾子曰：以能問於不能，以多問於寡，有若無，實若虛，犯而不校。昔者吾友嘗從事於斯矣。（泰伯）

自己有能力卻向沒有能力的人請教，自己的學問大卻向學問小的人請教，明明豐富卻像沒有，明明充實卻像空虛；受到冒犯也不計較。我以前有位朋友已經達到這種境界了。

這是一位多麼偉大的朋友，難怪曾子說起來有很多嚮往和感傷。

自古以來，學者都認為曾參口中這位偉大的朋友是顏回。因為孔子弟子中很少人像顏回有這樣的德行；而且曾子的描述也很符合顏回自己所說「願無伐善，無施勞。」（公治長）「無伐善」是不誇張自己的長處，「無施勞」是不稱道自己的功勞。顏回少孔子三十歲，曾參少孔子四十六歲，應是孔子返魯後入門的弟子。孔子於魯哀公十一年（公元前四八四年）返魯。顏回死於魯哀公十四年（公元前四八一年），兩人應有短暫期間的相處，才會讓曾子說出這樣感念的話。這樣的朋友可以幫助我們進德修業，也可以幫助我們成就事功，任何人都會希望得到。

子貢問為仁。子曰：「工欲善其事，必先利其器。居是邦也，事其大夫之賢者，友其士之仁者。」（衛靈公）孔子告訴子貢要以賢者為師，以仁者為友，自己的學業和德業才會有長進，事功上才會有成就，才能實現行仁的理想。仁者愛人，但是只在心裡愛不夠，必須像孟子所說的「擴而充之」，「足以保四海」，否則「不足以事父母」（《孟子・公孫丑》）。

表面上友好，心裡懷著鬼胎的朋友，善於阿諛奉承、虛偽不實的朋友，花言巧語但無真才實學的朋友，都是有害的朋友。從這裡和《論語》中其他地方可以看出來，孔子對會說話、喜歡恭維人的人沒有好感，而且存著戒心。

孔子教誨我們，朋友有過錯時應善盡朋友的責任，婉言給予忠告，聽不進去就應適可而止，以免自取其辱。這和他的「以道事君，不可則止」，是同樣的原則。

君子有三畏

子曰：「君子有三畏：畏天命，畏大人，畏聖人之言。小人不知天命而不畏也，狎大人，侮聖人之言。」

——季氏16.8

夫子說：「君子對三件事心存敬畏：敬畏天命，敬畏政府高官，敬畏聖人智慧的語言。小人不知什麼是天命所以不加敬畏，輕慢政府高官，瞧不起聖人所說的話。」

君子是孔子心目中理想人格的典範，君子的對照面是小人，君子是德才兼備、文質彬彬的人；君子不追求自己的利益，因為他心裡想的是幫助別人，增進別人的利益。但是君子對三件事心存敬畏，就是天命、大人和聖人之言。

人一生下來，還沒有知識的時候，就追求自己的利益，擴張自己的權利和自由。隨著成長，慢慢受到限制，學習自我節制。這些限制有自己心智和能力方面的限制，有和別人的利益或意志發生衝突的限制，也有社會制度和自然條件設定的限制。在大自然的邏輯中，自由，想要什麼就得到什麼，是為了個體的生存與發展；限制是為了群體共同生命的繁盛，而地球上所有不同種類的群體生命，只能在自然條件所容許的範圍內存在。因此人是有限制的，世間萬物都是有限制的，一切生物都是在有限制的範圍中，努力活出生命的光輝。所以人要知道自己的限制，不是可以為所欲為，人要知所敬畏。

什麼是天命？天命就是我們無法確知的自然或社會力量，對我們形成的限制，我們無法踰越，只有面對。

子曰：「吾十有五而志於學，三十而立，四十而不惑，五十而知天命，六十而耳順，七十而從心所欲不踰矩。」（為政）

孔子十五歲立定志向，發奮求學；三十歲奠定了學問的基礎；四十歲對遭遇的問題大致都能了然於胸，知其所以如此的道理；五十歲知道人生所面臨的社會和自然的限制，六十歲對發生的事都有所了解，坦然接受；七十歲由於長期適應環境，自我節制，形成內在的規範，所以雖在規矩之中，仍能自由自在，從心所欲。

人生終究是有限制的，要有所敬畏，知所節制，在節制中解放自由的心靈。不過儒者相信人心崇尚善良仁厚，社會嚮往和諧安定，所以不論社會環境如何險惡，邪惡勢力如何強大，冥冥中自有一種力量撥亂反正，使社會終於恢復秩序，獎善懲惡，向正面方向發展。歐陽修在〈瀧崗阡表〉中說：「嗚乎！為善無不報，而遲速有時，此理之常也。」

子畏於匡。曰：「文王既沒，文不在茲乎？天之將喪斯文也，後死者，不得與於斯文也，天之未喪斯文也，匡人其如予何？」（子罕）

這就是天命。

為什麼要敬畏政府的高官？因為在孔子的時代，社會的運作和秩序靠禮來維持。司馬光說：

天子之職莫大於禮，禮莫大於分，分莫大於名，何謂禮？紀綱是也。何謂分，君臣是也。何謂名？公、侯、卿大夫是也。

夫以四海之廣，兆民之眾，受制於一人，雖有絕倫之力，高世之智，莫敢不奔走而服役者，豈非以禮為之紀綱哉？是故天子統三公，三公率諸侯，諸侯制卿大夫，卿大夫治士庶人。（《資治通鑑．周紀一》）

禮制系統中的管理階層如卿、大夫就是大官，對大官的敬畏代表對體制的尊重，體制得到人民尊重，才能順利運作，為人民謀福利。其實畏不一定是怕或恐懼，對本章而言，更恰當的意思應該是戒慎或敬服；例如《孟子．公孫丑》，孟子談到有人問曾參的兒子曾西：「吾子與子路孰賢？」曾西蹵然曰：「吾先子之所畏也。」曾參有什麼可以怕子路的？當然是敬佩啦。對天命而言是戒慎，對大官而言是敬服。

君子敬服聖人之言不需細說。聖人之言是有智慧的人，從生活和知識中精煉出來的做人、做事和處己的教誨，可以幫助我們避免錯誤，尋求人生正確的方向。聖人之言在過去技術與經濟停滯、社會較少變化的生活環境中，尤其重要。

小人和君子的不同，主要在於「君子喻於義，小人喻於利。」（里仁）君子想的是社會長期的利益，小人想的是自己眼前的利益。君子遵守倫理原則，有所不為；小人為了自己的利益，無所不用其極，什麼事都做得出來。所以小人無所畏懼，輕慢政府官員，初則攀附接近，繼而勾結利用，圖自己的利益。小人也瞧不起、聽不進聖人的話，覺得他們迂腐；因為聖人的話多半和他們的行徑不同，不利於他們的利益追求。

十七世紀歐洲的啟蒙運動，強調自由與個人的主體性（individuality），緊接著十八世紀的工業革命，帶領世界走向現代經濟成長。政治民主化，經濟資本主義化，世界文化從集體主義轉向個人主義，從節制自我、達成社會的目的，轉向鼓勵個人追求自己的財富、權利和自由。過去三百餘年，資本主義經濟與民主政治，隨著全球化普及全世界，尤其是第二次世界大戰以來，發展最為迅速。目前世界各國大致而言，得以享受歷史上前所未有的富裕，個人的權利和自主得到前所未有的保障，不能不說是現代西方文化的成就。

然而追求自己的利益，不顧他人的利益，爭取自己的權利，無視他人的權利，擴充自己的自由，凌駕他人的自由。技術不斷進步，解除大自然對我們的限制；經濟不斷成長，解除物質給我們的限制；政治民主、社會多元，解除各種制度給我們的限制。人類膨脹自我，無所畏懼，不知節制，終將破壞自然與社會運作的規範，讓各種自然、經濟與社會的災害反過來傷害我們。

二〇一四年十一月，北京中信出版社的尤瓦拉・赫拉利（Yuval Noah Harari）著，林俊宏譯的《人類簡史》（*Sapiens: A Brief History of Humankind*）最後一頁有下面兩段話，值得我們警惕：

我們擁有的力量比以往任何時候都更強大，但幾乎不知該怎麼運用這些力量，更糟糕的是人類似乎也比以往任何時候更不負責。我們讓自己變成了神，而唯一剩的只有物理法則。我們也不用對任何人負責。正因如此，我們對周遭的動物和生態系統掀起一場災難，只為了尋求自己的舒適和娛樂，但從來無法得到真正的滿足。

有了神的能力，但是不負責任，貪得無饜，而且連想要什麼都不知道，天下危險，恐怕莫此為甚。

人要有所敬畏，知所節制，世界才會有可持續發展的可能。

君子學道則愛人，小人學道則易使

子之武城，聞弦歌之聲，夫子莞爾而笑，曰：「割雞焉用牛刀？」子游對曰：「昔者，偃也聞諸夫子曰：『君子學道則愛人，小人學道則易使也。』」子曰：「二三子，偃之言是也，前言戲之耳！」

——陽貨 17.4

夫子來到武城，聽到彈琴和唱歌的聲音。夫子露出微笑說：「殺雞哪裡用得著殺牛的刀？」子游回答說：「以前偃聽夫子說：君子學了道就知道關心別人，一般老百姓學了道就容易接受使喚。」夫子說：「各位，偃的話是對的。前面的話是跟他開個玩笑而已。」

言偃字子游，《史記．仲尼弟子列傳》說他少孔子四十五歲，《家語》說他少三十五歲。這個故事發生在孔子周遊列國，於六十八歲返魯之後。子游為武城宰。孔子看到這位晚年的弟子，將治國平天下的大道理落實到地方治理，心情愉快，因此開起玩笑。《論語．雍也》記載，「子游為武城宰。子曰：汝得人焉爾乎？曰：有澹臺滅明者，行不由徑，非公事，未嘗至偃之室也。」武城位於曲阜東南，在今費縣境內。費縣現有澹臺故里。

孔子一生追求個人的完美，包括品德的圓滿與智慧的通達，和社會的和諧與安定。孔子處於傳統的停滯時代，由於缺乏連續的技術進步，社會一定時期最大可能的總產值有一上限，個人追求財富不會使這個上限提高，因此社會全體的福祉或幸福，不是來自財富增加，用現在話說就是經濟成長，而是來自社會的和諧、安定。欲使社會達到和諧、安定，必須每個人扮演好自己的社會角色，善盡自己的社會責任。這在個人方面要靠倫理與品德，在社會方面則要靠禮的節制與樂的調和。塑造個人圓滿的人格，制禮作樂，達成社會的和諧與安定，讓天下老百姓都得到幸福，就是孔子的道。簡單的說，道就是道路，就是通往人生幸福的道路。

孔子在魯國不能實施他的政治抱負，周遊列國十四年，也沒有一個明君接受他的思想。晚年回到故國，看到他的理想在地方上有所小成，我們可以想見他心中的愉快。孔子口裡說著「割雞焉用牛刀」，但他真正想說的可能是「孺子可教」吧。

君子亦有惡乎

子貢曰：「君子亦有惡乎？」子曰：「有惡。惡稱人之惡者，惡居下流而訕上者，惡勇而無禮者，惡果敢而窒者。」曰：「賜亦有惡乎？」「惡徼以為知者，惡不孫以為勇者，惡訐人以為直者。」

——陽貨 17.24

子貢說：「君子也有憎惡的事嗎？」。夫子說：「有。憎惡說人家壞話的人。憎惡做人家部下卻毀謗長官的人。憎惡勇敢卻沒有禮貌的人。憎惡有魄力卻不通達事理的人。」接著問：「賜也有憎惡的事嗎？」子貢說：「憎惡自己還不清楚就急著表達意見而自以為高明的人。憎惡不知謙讓而自以為勇敢的人。憎惡揭發人家的隱私而自以為正直的人」

子貢和子路是孔子最喜愛的弟子。子貢在《論語》中出現四十四次，子路出現四十七次。他們常常跟在老師身邊問東問西，留下很多有智慧和頗具啟發性的對話。

子貢聰明，子路直率，孔子有時不假辭色，對他們加以貶抑，但無礙於他們對老師的敬愛。這種真摯的情感只有師生之間才有，不過現在比較少看到了。顏回雖然是孔子稱贊最多的弟子，但是看起來不像和子貢、子路一樣親近。

孔子卒，弟子皆服喪三年，唯有子貢築廬冢上，凡六年然後去。子貢也是孔門弟子中最能為孔子辯護的人，他大力維護老師的聲譽，宣揚老師的偉大。「叔孫武叔毀孔子。子貢曰：無以為也。仲尼不可毀也。他人之賢者，丘陵也，猶可踰也。仲尼，日月也，無得而踰焉。人雖欲自絕，其何傷於日月乎？多見其不知量也！」（子張）司馬遷說：「使孔子名布揚天下者，子貢先後之也。」（《史記・貨殖列傳》）我們如果要找三個人對宣揚孔子的名聲最有貢獻，應該就是子貢、孟子和司馬遷。

陽貨篇的這段對話最重要的意義，在於警惕我們哪些事情自己以為得意，在別人眼裡卻是可憎的事。我們應該時刻放在心上，常常檢討自己有沒有犯同樣的錯誤。不要光看到人家的壞處，說人家的壞話；說人家的壞話，讓自己流於刻薄。做人家的部下不可毀謗自己的長官；毀謗自己的長官是不忠的表現，也會讓人看不起。

勇敢是一種美德，但應注意禮數；孔子說：「勇而無禮則亂。」（泰伯）果決是一種美德，但要通達事理才不至於誤事。孔子說：「愚而好自用，賤而好自專，生乎今之世，反古之道。如此者，災及其身也。」（《中庸》）「愚而好自用」就是「果敢而窒」。自己一知半解就忙著表達意見，以為高明，只會讓人家看穿自己無知。態度惡劣自以為勇敢，揭人隱私自以為正直，旁人口裡可能不講話，心中則瞧不起。

孔子在齊國的際遇

齊景公待孔子，曰：「若季氏，則吾不能，以季、孟之間待之。」曰：「吾老矣，不能用也。」孔子行。

——**微子 18.3**

齊景公談如何對待孔子，景公說：「像季氏那樣，我做不到；可以給他季氏和孟氏之間的地位。」又說：「我老了，不能用你了。」孔子離開。

本章包括三個獨立的情節，司馬遷在《史記・孔子世家》中將其完整連結在一起，告訴我們孔子在齊國的際遇，並提供了若干重要歷史背景。魯昭公二十五年（公元前五一七年），昭公為季孫、孟孫、叔孫「三桓」打敗，逃到齊國；魯國政局混亂，孔子來到齊國。齊景公向他請教為政之道。子曰：「君君，臣臣，父父，子子。」景公曰：「善哉！信如君不君，臣不臣，父不父，子不子。雖有粟，吾得而食諸？」（顏淵）「君君，臣臣，父父，子子」一般性的說法，就是讓社會上每個人都扮演好自己的角色，負起自己的責任，善盡自己的義務。

過了幾天，齊景公又向孔子請教。孔子說：「政在節財。」（《韓非子・難三》）「節財」是減少支出。景公聽了孔子的意見很高興，想要以尼谿的土地封給孔子。尼谿在《晏子春秋》中作爾稽。晏嬰加以勸阻。晏子所說的話，在〈孔子世家〉和《晏子春秋》中都有記載，兩處大同小異。某日，景公挽留孔子，說：「奉子以季氏，吾不能，以季、孟之間待之。」不過，齊國大夫欲加害孔子。景公又對孔子說：「吾老矣，弗能用也。」孔子遂行，回到魯國。前面一句司馬遷所記和《論語》不同，看《論語》本章的意思，齊景公似乎是和晏嬰或其他大臣討論，不是直接對孔子說的話；後面一句才是當面告訴孔子。

孔子在齊國停留的時間，一說七年，一說一年。主張七年是因為孔子於魯昭公二十五年到齊國，而昭公逃亡在外至三十二年逝世，魯國另立新君。不過孔子在齊既無發展的機會，似乎沒有理由等魯國另立新君才返國，所以一年之說似乎更合情理。如此，則為魯昭公二十六年，齊景公三十二年。景公最多不過五十歲左右，不能算老。他說「吾老矣」，只是一種推托之辭。齊景公後來又活了二十六年，於五十八年（公元前四九〇年）逝世，這年孔子六十二歲，當時他在蔡國。

晏嬰（公元前五八五至五〇〇年）長孔子三十四歲，為齊國務實的政治家。司馬遷在《史記》中將他和助齊桓公稱霸的管仲合為一傳，說他：

事齊靈公、莊公、景公，以節儉力行重於齊。既相齊，食不重肉，妾不衣帛，其在朝，君語及之，即危言；語不及之，即危行。國有道，即順命；無道，即衡命。以此三世顯名於諸侯。（《史記・管晏列傳》）

晏嬰的父親晏弱曾為齊卿，輔佐靈公二十六年。晏嬰於靈公二十六年（公元前五五六年）其父去世後繼任齊卿，歷經靈公最後兩年，莊公六年，於景公三年（公元前五四五年）齊相崔杼為慶封逼殺，接著慶封逃亡至吳後，相景公。「君語及之，即危言；語不及之，即危行。」是說上面問到，就堂堂正正的說明；上面不問，就堂堂正正的做。「國有道，即順命；無道，即衡命。」是說國有道就照上面的意思做，無道就斟酌情形而行。這是他的忠君愛國之道，也是他的自處之道。司馬遷在比較管仲和晏嬰的為人和事功後，評論說：「假令晏子而在，余雖為之執鞭，所忻慕焉。」

比較之下，孔子雖然有更高的理想和更高的道德標準，也許更有施政能力，然而他不肯「曲道求容」，墮三都未竟全功，得罪於巨室，不得不離開魯國；出外尋找實現理想的機會，也終無所獲。

晏嬰雖然阻擋了孔子在齊國可能的發展，但孔子對晏嬰有好評——子曰：「晏平仲善與人交，久而敬之。」（公冶長）《晏子春秋》有下面一段故事，不知是否與孔子的這句話有關：

仲尼曰：「靈公汙，晏子事之以整齊；莊公壯，晏子事之以宣武；景公奢，晏子事之以恭儉，君子也！相三君而善不通下，晏子細人也。」晏子聞之，見仲尼曰：「嬰聞君子有譏於嬰，是以來見。如嬰者，豈能以道食人者哉？嬰之宗族待嬰而祀其先人者數百家，與齊國之閒士待嬰而舉火者數百家。臣為此仕者也。如臣者，豈能以道食人者哉？」晏子出，仲尼送之以賓客之禮，再拜其辱。反，命門弟子曰：「救民之姓而不夸，行補三君而不有，晏子果君子也。」

孔子的意思是說，晏子輔佐三君雖然很有辦法，但他的善政未能惠及百姓，終究有可議之處。晏子解釋說，像我這樣的人，為了宗族數百家，靠我祭祀祖先，齊國找不到工作的閒士數百家靠我吃飯，才出來做官，那裡有資格為了理想而工作呢？孔子聽了對晏子更為敬重，告訴弟子說，幫助百姓而不自誇，輔佐三君而不居功，晏子真是君子呀！

本章齊景公口中的季氏和孟氏，是春秋時期魯國三桓中的兩個家族。魯桓公（公元前七一一至六九四年在位）有四個兒子。長子同繼位為莊公（公元前六九三至六六二年在位），他的三個弟弟慶父、叔牙與季友的後人分別為孟孫氏、叔孫氏和季孫氏，就是所謂三桓。他們自宣公（公元前六〇八至五九一年在位）時代勢力日強，操縱魯國國政，而以季氏執掌國家大權。魯國從此「公室卑，三桓彊。」（《史記・魯周公世家》）魯定公十二年（公元前四九八年），孔子為大司寇，以三桓的都城踰越禮制的規定，說服定公墮三都。叔孫氏的都城郈和季孫氏的都城費先後拆毀，當中雖曾遭遇抵抗，甚至受到圍攻，但都被孔子平定，不過最後攻打孟孫氏的都城沒有成功。孔子後來於定公十三年離開魯國、周遊列國，如果不是為季氏等所逐，至少也是受到他們排擠，覺得無能為力，只好求去。

孔子年輕時，曾為季氏門下的小吏，他的弟子子路和冉求都曾為季氏宰。孔子對季氏的僭越深惡痛絕，連帶也嚴厲責備自己的弟子。

孔子謂季氏：「八佾舞於庭，是可忍，孰不可忍也！」（八佾）

季氏富於周公，而求也為之聚斂而附益之。子曰：「非吾徒也，小子鳴鼓而攻之可也！」（先進）

然而終亦無可奈何。這應是自古以來很多有品德、有學問也有能力並堅持原則的君子共同的悲哀罷！

仲尼，日月也，無得而踰焉

叔孫武叔毀仲尼。子貢曰：「無以為也。仲尼不可毀也。他人之賢者，丘陵也，猶可踰也。仲尼，日月也，無得而踰焉。人雖欲自絕，其何傷於日月乎？多見其不知量也。」

——子張 19.23

叔孫武叔出言毀謗孔子。子貢說：「說這樣的話是沒有用的。孔子是不可詆毀的。別人的賢能像丘陵一樣，還可以踰越；孔子的賢能像日月，沒有辦法可以踰越。人雖想自絕於日月，但對日月有什麼傷害呢？徒然讓人看出不知自己有多大本事而已。」

司馬遷在《史記・貨殖列傳》中說到子貢，有一段評論：

子貢既學於仲尼，退而仕於衛，廢著鬻財於曹、魯之間，七十子之徒，賜最為饒益……子貢結駟連騎，束帛之幣以聘享諸侯，所至，國君無不分庭與之抗禮。夫使夫子名布揚於天下者，子貢先後之也。此所謂「得埶而益彰」者乎？

子貢有錢、有地位，又會說話，善於交際，四處結交權貴，自然也有更多機會宣揚孔子的道德、學問，也更容易讓人信服。

《論語・子張》有二十五章，主要記錄年輕一輩弟子的談話。例如子游少孔子四十五歲，子夏少孔子四十四歲，子張少孔子四十八歲，曾參少孔子四十六歲，應都是孔子返魯後入門的弟子。子貢少孔子三十一歲，是唯一曾隨孔子周遊列國的學長，但在本篇出現六章，顯示子貢活躍的程度；而其中有四章是宣揚孔子的賢能。本篇對諸子皆稱他們的字，唯有對曾參稱曾子，所以可能為曾參弟子所輯。

叔孫武叔是魯國的大夫。他有一次在上朝時和同儕的大夫說「子貢賢於仲尼」。另外一位大夫子服景伯把這件事告訴子貢，子貢說：

譬之宮牆，賜之牆及肩，窺見家室之好；夫子之牆數仞，不得其門而入，不見宗廟之美，百官之富。得其門者寡矣。夫子之云，不亦宜乎！（子張）

讓我們以宮牆打比方，我的牆只到肩膀，所以外面的人可以看到房舍的美好；可是夫子的牆有好幾丈，如果找不到門進去，不可能看見裡面宮殿的美好，百官的富有。能夠找到門的人太少了，難怪叔孫武叔先生要這麼說了。

子貢這段話說得很實在，譬喻也很妥切，稱叔孫武叔為夫子，很客氣。不過本章子貢聽說叔孫武叔對孔子有所毀謗，他的批評就不容情了。孔子有子貢這樣的學生在他生前身後為他辯護，應可含笑在天上了。

孔子從年輕時就一直受人誤解。魯昭公二十五年（公元前五一七年），孔子三十五歲，到齊國尋找發展機會。齊景公想以尼谿之田封孔子，晏嬰加以勸阻，說：「……今孔子盛容飾，繁登降之禮、趨詳之節，累世不能殫其學，當年不能究其禮。君欲用之以移齊俗，非所以先細民也。」（《史記・孔子世家》）晏嬰認為孔子注重儀容衣飾，講究很多繁文縟節，儒家的學問幾輩子也學不完，儒家主張的禮一年也弄不清楚，不是治國的當務之急。

實際上，孔子是一個重視實質勝於形式和細節的人，下面有兩個明顯的實例：

林放問禮之本。子曰：「大哉問！禮，與其奢也，寧儉；喪，與其易也，寧戚。」（八佾）

禮與其奢華，不如儉樸；喪與其鋪張，不如哀戚。

人而不仁，如禮何？人而不仁，如樂何？（八佾）

人如果不仁，禮和樂有什麼意義呢？

孔子一生努力的目標，是想達成社會的和諧與安定，讓人民可以安居樂業，過幸福的日子。為了達到此一目標，他提出三項基本主張：

（一）人人遵守倫理，承擔自己的責任，善盡自己的義務，扮演好自己的社會角色；這就是孔子的正名主義，也就是他見齊景公時所說的：

「君君、臣臣、父父、子子。」

（二）知識精英應進德修業，服務社會，促進社會的福祉；這就是子路問君子，孔子所說：「修己以敬」，「修己以安人」，「修己以安百姓」。

（三）社會應有良好的誘因制度，將個人分配到社會所需的職位，並給予應得的報酬。這個誘因制度就是禮。所以顏淵問仁，子曰：「克己復禮為仁，一日克己復禮，天下歸仁焉。」有一天大家都能克己復禮，仁就普及於天下了。可惜東周到了孔子時代已經禮壞樂崩，所以孔子之道不行。

西漢自武帝重建禮制，中國經歷三百年大致安定的日子，至東漢桓、靈時期，戰亂再起。經過三國、五胡亂華、南北朝對峙，到隋文帝統一天下，這一長達四百餘年的大動亂時期，生靈塗炭，民生凋敝，人生悲苦，紛紛向超現世的世界尋求精神寄託。於是佛教與道教發展，侵奪儒家的地位，經過唐代儒家中興，至兩宋新儒興起，才重新成為中華文化的主流。

十八世紀後期，工業革命從英國開始，結合資本主義，帶領世界經濟進入現代成長時代。科技持續進步，使勞動生產力不斷提高，總產值、人均產值與所得不斷增加。現代成長隨著全球化，普及世界各國，短短兩百餘年之間，使世界經濟到達前所未有的富裕。工業革命在英國發生之時，正當中國清代乾隆盛世。當時中國經濟猶較歐洲富裕，然而由於缺少技術進步與經濟成長，很快為先後進入現代成長時代的西方各國超越，國人亦漸對自己的文化失去信心。所以才有民初打倒孔家店，迎進「德先生」和「賽先生」的新文化運動，以及中共建政以來一九六六年至一九七六年的文化大革命。

然而過去兩百多年，隨著所得增加，財富累積，個人擁有的資源增加，選擇隨之增加，物欲膨脹，對權利和自由的要求擴大。個人追求自己的利益，無視他人的利益，爭取自己的權利，不顧他人的權利，擴充自己的自由，凌駕他人的自由。在縱放的欲望中，尋求滿足的快樂。科技不斷進步，解除大自然給我們的限制；經濟不斷成長，解除物質給我們的限制；管制不斷放寬，解除制度給我們的限制。我們不思節制，為所欲為，一步一步將世界推向懸崖邊緣。

一九九八年一月十八日至二十一日，七十五位諾貝爾獎得主在法國巴黎總統官邸聚會，討論「面對二十一世紀的威脅與問題」。會中，一九七〇年瑞典籍諾貝爾物理學獎得主阿爾文（Hannes Olof Gösta Alfvén）教授說：「面對二十一世紀，人類要生存下去，就必須回到二十五個世紀以前，去汲取孔子的智慧。」

歷史的發展雖然屢次背離孔子的思想，然而終須回到孔子指引我們的道路，世界才有永續發展的可能。子貢說得對：「仲尼，日月也，無得而踰焉！」

附錄一　孔子年表（周遊列國時期及以後）

公元前	魯紀年	孔子年齡	大事紀	
497	魯定公 13	55	去魯，至衛，居10月	
496	14	56	困於匡，過蒲返衛，見南子	
495	15	57	去衛，過曹、宋、鄭至陳	
494	魯哀公 1	58		居陳三年。
493	2	59	去陳過蒲，至衛，復至陳； 衛靈公卒，出公立	
492	3	60	季桓子卒，康子代立，冉求返魯	
491	4	61	自陳遷蔡。	
490	5	62	齊景公卒。	居蔡三年。
489	6	63	受困於陳、蔡之間	
488	7	64	自楚返衛。	
487	8	65		
486	9	66		最後五年都在衛。
485	10	67		
484	11	68	季康子迎孔子返魯	
483	12	69	子伯魚卒	
482	13	70		
481	14	71	顏回卒	
480	15	72	子路死於衛	
479	16	73	孔子卒	

根據《史記．孔子世家》製表

附錄二　孔子周遊列國示意圖

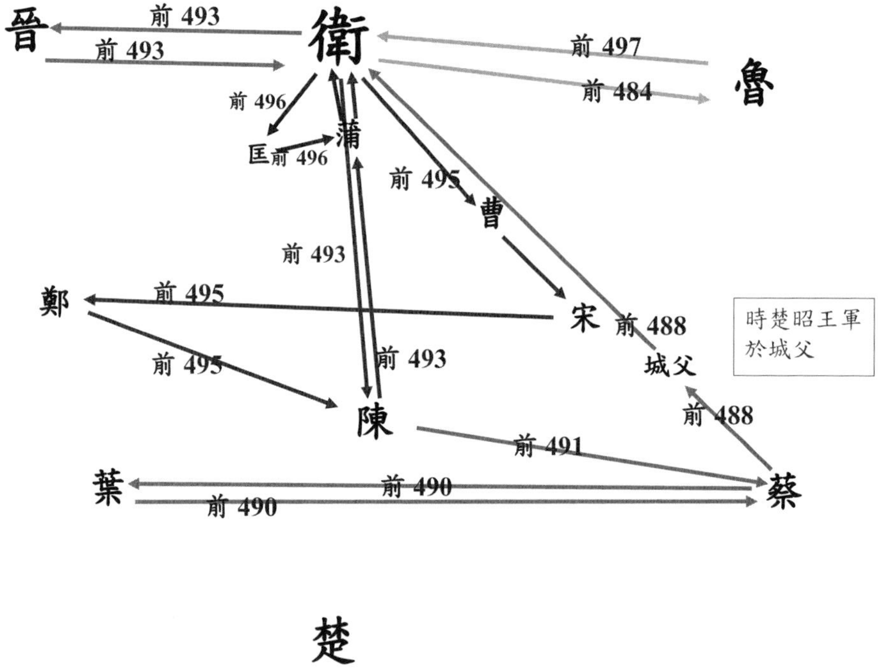

社會人文 BGB457

半部論語治天下
論語選譯今釋

國家圖書館出版品預行編目(CIP)資料

半部論語治天下：論語選譯今釋 / 孫震著. -- 第一版. -- 臺北市：遠見天下文化, 2018.04
面； 公分. -- (社會人文；BGB457)
ISBN 978-986-479-413-3 (精裝)

1.論語 2.注釋

121.222 107005197

作者 — 孫震

責任編輯 — 賴仕豪
封面設計 — 江儀玲（特約）

出版者 — 遠見天下文化出版股份有限公司
創辦人 — 高希均、王力行
遠見・天下文化 事業群董事長 — 高希均
事業群發行人／CEO — 王力行
天下文化社長 —林天來
天下文化總經理 — 林芳燕
國際事務開發部兼版權中心總監 — 潘欣
法律顧問 — 理律法律事務所陳長文律師
著作權顧問 — 魏啟翔律師
地址 — 台北市 104 松江路 93 巷 1 號 2 樓
讀者服務專線 — 02-2662-0012
傳真 — 02-2662-0007, 02-2662-0009
電子郵件信箱 — cwpc@cwgv.com.tw
直接郵撥帳號 — 1326703-6 號　遠見天下文化出版股份有限公司

電腦排版 — 極翔企業有限公司
製版廠 — 東豪印刷事業有限公司
印刷廠 — 柏皓彩色印刷有限公司
裝訂廠 — 精益裝訂股份有限公司
登記證 — 局版台業字第 2517 號
總經銷 — 大和書報圖書股份有限公司　電話／(02)8990-2588
出版日期 — 2018/04/30 第一版第 1 次印行
2023/03/20 第一版第 7 次印行

定價 — NT 500 元
ISBN — 978-986-479-413-3
書號 — BGB457
天下文化官網 — bookzone.cwgv.com.tw

天下文化
BELIEVE IN READING